伊藤宣広
Nobuhiro Ito

ケインズ

危機の時代の実践家

岩波新書
1990

はじめに

ジョン・メイナード・ケインズ（一八八三〜一九四六）は、言わずと知れた二〇世紀最大の経済学者である。ケインズに関しては、理論研究、思想研究、伝記研究などいずれの領域においても既にきわめて膨大な研究が存在する。そのうえ、いまだに毎年のように新たな本が刊行されている。およそ取り上げる価値のあることで、これまで取り上げられていないものはほとんどないといっても過言ではない。ではなぜ、改めてこの小さな本を書くのか。まずその説明から始める必要があるだろう。　私もこれまでケインズについて何度か論じてきた。

『現代経済学の誕生──ケンブリッジ学派の系譜』（中公新書、二〇〇六年）では、「ケインズ革命」論を相対化し、マーシャル以来のケンブリッジ学派の伝統を継承・発展させた人物としてケインズを論じた。この本は一定の反響を呼び、私はケインズ革命否定派とみなされることもあった。ただ、同書でも述べたように、「革命」があったか否かはどちらかというと言葉の問題にすぎず、ともすれば過小評価されがちな同時代のケンブリッジ学派の巨星に焦点を当ててその業績の再評価を試みると同時に、ケインズもその伝統との関連から検討したのが同書であった。

続く『ケンブリッジ学派のマクロ経済分析——マーシャル・ピグー・ロバートソン』(ミネルヴァ書房、二〇〇七年)では、一九二〇〜三〇年代のポスト・マーシャル時代のケンブリッジ学派のマクロ経済分析の発展の様相を論じた。貨幣供給量が物価を決めるという伝統的な貨幣数量説は、マーシャルの時代から既に問題視されており、貨幣需要に焦点を当てた現金残高アプローチが生まれていたこと、市場経済は本来的に不安定であり、情報や知識が不完全であること、期待の役割が重要であること、経済が均衡状態にあることはめったにないこと、外部性が存在すると自由放任が必ずしも好ましい状態を生み出すとは限らないこと、不況対策としての金融政策には限界があり、公共事業のような財政政策が重要であること等、こういった認識がケンブリッジの「正統派」経済学者のあいだで共有されていた。そして、この頃のケインズも経済理論の面では紛れもない正統派の一員であった。

『投機は経済を安定させるのか?——ケインズ『雇用・利子および貨幣の一般理論』を読み直す』(現代書館、二〇一六年)では、ケインズの投機論に注目した。そして『雇用・利子および貨幣の一般理論』(以下、『一般理論』と略記)の柱の一つである流動性選好説の核心には投機の問題があり、ケインズ経済学においては、失業という現象も、根本のところにさかのぼれば金融市場における投機と投資の問題と深く関係していることを論じた。また、ケインズの投機批判をフリードマンの投機擁護論と比較し、フリードマンが逆張りの投機を想定して投機が安定化作用をもつことに着目したのに対し、ケインズは順張りの投機（美人投票）を想定して投機が不安定化をもたらすと考えていたことを指摘した。

これら三冊の本は、いずれも理論史という観点からのアプローチであったという点では共通している。そこで論じた内容についての考えは今でも変わっていないが、本書で主に対象とするのは、ケインズと時事問題との関わりである。ケインズが生きた時代は、第一次世界大戦と戦後処理、イギリスの金本位制復帰問題、大恐慌、第二次世界大戦、国際金融秩序の再構築、といった大きな問題が立て続けに発生した激動の時代であった。

ケインズは、個々の事実から切り離された経済学の原理は空虚であるとし、経済学者が考えを発表する媒体としては体系書よりもパンフレットやモノグラフの方が望ましいと考えていた。「経済学者たちは四つ折判の栄誉をひとりアダム・スミスだけに任せなければならず、その日の出来事をつかみ取り、パンフレットを風に吹きとばし、常に時間の相の下にものを書く」必要がある（JMK, vol. 10, pp. 198–199）。これは、ケインズが時論を重視していたことを表すものとして、しばしば引用される有名な文章であるが、このスタイルをケインズ自身がいかに実践してきたかということを本書では明らかにする。

ケインズの育った当時のケンブリッジでは、師であるアルフレッド・マーシャルが帝王のように君臨しており、経済学という学問はマーシャルをもって完成したとみなされていた。経済学といえば誰もがまずイメージする需要曲線と供給曲線のクロスの図は、このマーシャルが確立したものであった。経済学者に残された仕事は、聖典ともいうべきマーシャルの『経済学原理』に注釈をつけるか、応用分野の研究を展開するくらいだと考えられていた。ケインズも経済学の原理に関してはマーシャルの議論を大前提として当然のごとく受け入れており、自分がその後継となる『原理』を書こうとはしなかった。

またケインズにとって、経済学は、人生の重要ではあるがあくまで一つの要素にすぎなかった。ケインズが狭義の経済学の研究に捧げた時間は、他の経済学者に比べれば相対的に少なかった。そういう意味では、ケインズの「経済学」だけを論じたのでは、ケインズという人物の一部しか捉えられないともいえる。『ケインズ全集』には、ケインズが書いた文章のうち主に経済関係のものが集められているが、それでも全三〇巻のうち、純粋な「経済学」を扱った巻は半分にも満たない。一方、広義の「金融」に関連する記述ははるかに多い。もちろん、金融も経済の一部ではあるが、ケインズが取り組んだ問題は、実務レベルでの金融関連の課題が中心であった。

ケインズは世界的な有名人であったが、当初は経済理論家としてはそこまでの名声があったわけではない。逆に言うと、それ以外の言動によって高い名声を勝ち得ていたということである。

本書の内容

本書では、まずケインズの経済問題への関心の由来を探るため、第一章でケインズと経済学との出会いについて論じた後、ケインズが直面した主要な問題を順次取り上げる。第二章では第一次世界大戦後の対独賠償問題、第三章では金本位制復帰問題、第四章では大恐慌、そして最後に第五章で『一般理論』以降のケインズについて論じる。これらは必ずしも伝統的な経済学が取り上げるべき中心的課題とはみなされてこなかったテーマである。しかし、ケインズの関心が当初より金融にあったこと、時事的な問題につねに強い関心をもっていたことに鑑みると、ケインズがこれらのテーマに真剣に取り組んだことは驚くには当たらない。いずれも金融の観点からはきわめて重要な問題である。

本書で取り上げる時代の多くで、ケインズは経済理論家としてまだ発展途上であり、『一般理論』という武器をいまだ手にしない状態で数々の難題と対峙した。目の前にある現実が、既存の理論でうまく説明できないが、それに代わるすっきりした説明も持ち合わせていない。後からみると、そんなもどかしさを感じる面も少なくない。にもかかわらず、『一般理論』以前でもケインズの訴えは驚くほど正鵠を射ていたということは、もっと注目されてよいだろう。ただ、ケインズが生涯において行った様々な政策提言は、耳を傾けてもらえないことの方が多かった。

ケインズは過酷な対独賠償を求めたヴェルサイユ条約を批判し、ドイツを追い詰めすぎても良いことは何もなく、結局賠償金は取れないうえにドイツの再軍備を招くだけだと強く主張したが、聞き入れる者はおらず、結果としてナチスという怪物が生み出されてしまった。この教訓は、第二次世界大戦後に生かされることになった。

貿易黒字は良いことで、貿易赤字は悪いことだというイメージが一般に浸透している。それゆえ、二一世紀において、ユーロ圏にあって大きな貿易黒字を稼いでいるドイツは優等生とみなされてきた。しかし事はそれほど単純ではない。黒字であるということは、たとえていうと赤字国に対して「貸し」があり、将来、何かを返してもらえる権利をもっているということだが、それに意味があるのは、相手が返す能力をもっている場合だけである。第一次大戦後、ドイツは天文学的な賠償金を請求された。しかし、それは到底返済できるあてのないものであった。ケインズは、ドイツから賠償金を取りたいなら、その原資をドイツが稼げるような状況を確保してやらねば、絵に描いた餅に終わってしまうことを理解していた。

第一次大戦後、深刻な不況に苦しむイギリスは、国内景気の回復と国際金融センターとしてのロンドンの地位のいずれを重視すべきか、という問題に直面した。保守党政権は後者を選び旧平価での金本位制復帰を強行したが、ケインズはこれを痛烈に批判した。国内の景気回復を優先すべしというケインズの声は聞き入れられることはなく、主要先進国の中でただイギリスだけが回復から取り残され、長い停滞に陥った。ケインズは金本位制というシステムが深刻な構造的欠陥を抱えていることを看破していた。その見立て通り、再開された金本位制はわずか数年で崩壊した。この問題は、現在では国際金融のトリレンマ（自由な国際資本移動、為替レートの安定、金融政策の独立性という三つのうち、すべてを同時に実現することはできず、必ずどれか一つは犠牲にせざるを得ない）として知られている。経済学者の多くはユーロのような共通通貨が深刻な構造的欠陥をもっている――不況に直面しても一国の判断で金融緩和や通貨切り下げを行うことができない――ことを認識している。アメリカ、イギリス、日本のような国は、通貨発行権および金融政策の独立性を保持しているが、これは、ある意味でケインズの叡智から学んでいるといえるだろう。

大恐慌に際して、ケインズはフランクリン・ローズベルト大統領に数々の積極的提案を行い、景気回復には大々的な公共事業が必要であると訴えたが、ケインズの声が聞き入れられることはなかった。通俗的イメージに反し、ニューディール政策は景気回復に十分な規模のものではなく、ケインズを幻滅させた。リーマン・ショックやコロナ・ショックに際しては、ケインズへの回帰が声高に叫ばれ、世界各国で大々的な政府支出が行われた。ケインズは、しばしば言われるような恒常的な総需要管理政策については提唱もしていなければ支持もしていなかったが、緊急時の大胆な支出の提言には躊躇しなかった。

第二次世界大戦末期の清算同盟案は、国際金融上の問題点を解消するためのケインズなりの工夫であったが、英米の力関係から実現することはなかった。生涯を通じて、ケインズが見据えていた大きな問題は、貿易収支の不均衡が生じたとき、既存の国際決済システムにそれを是正するメカニズムが備わっていないということであった。ケインズのアイデアは存命中には反映されなかったが、しかし「国際通貨基金」(IMF)や「国際復興開発銀行」にはその主張の爪痕が残されている。

ケインズの提案はいつの時代も大きな反響を呼び、それに伴いケインズの名声も高まったが、にもかかわらず、全面的に採用されることはなかった。あたかもギリシア神話のカサンドラの予言のように。それは、一つにはケインズが帰属意識をもっていたイギリス、ヨーロッパ、自由党、資本主義、といったものがどれも凋落の危機にあったことが関係しているかもしれない。ケインズの生涯は、それに抗おうとする戦いでもあった。

なぜケインズは頻繁に主張を変えたのか?

「イングランドの主要な経済学者六人に質問をすると、七つの答えが返ってくる。そのうち二つはケインズ氏からだ」。この有名なジョークはチャーチルが言ったとされているが、ケインズが頻繁に主張を変えたことを揶揄したものである。

例えば、一九一〇年代のケインズは、インフレよりもデフレを肯定し、国際金融センターとしてのロンドンの地位を重視し、均衡財政の立場をとっていたが、一九二〇年代にはこれらすべてを放棄した。これはほんの一例にすぎない。

もちろん、ケインズの思想や理論自体が発展途上であり、つねに進化し続けていたとか、ケインズは経済学に取り組み始めたのが遅く、経験を積むのに時間がかかった、といった理由を考えることはできるだろう。

しかし、それ以上に重要であった点は、ケインズの活躍した二〇世紀前半は、現実が目まぐるしく変化した激動の時代であったということである。経済学の理論では、必ず何かしらの前提となる仮定を置く。「Aという前提のもとではBとなる傾向がある」といった具合である。そして、その前提となる現実の状況が変化すれば、適用すべき理論も変化する可能性がある。それはつまり、生涯にわたって同じ理論に固執し続けることが必ずしも学問的に誠実であるとは限らないということである。現実の状況が変われば理論もアップデートが必要になる。例えば金本位制下の世界とそうでない世界とでは、ものごとの在り方が全く異なる。だからこそ、

「常に時間の相の下にものを書く」ことが求められたのであった。

ケインズが各種問題について、時期によってしばしば立場を変えたことは事実であるが、それは好意的に解釈するならば、その時どきの状況の変化に向き合って、しっかりと熟慮した結果であったともいえる。

そんな中で、変わらないスタンスもあった。それは、若き日に秘密の会員制組織「ケンブリッジ使徒会」でムーアから学んだ「合成の誤謬」という考え方である。ミクロ的に合理的な主張が、マクロ的に正しいとは限らないというものであるが、本書では、それがケインズの対独賠償問題など様々な時事問題への対応にもあらわれていることを明らかにする。

ケインズは愛国者だったが、自国中心主義者ではなかった。両者の違いは、ケインズがマクロ的視野からイギリスの国益を考えていたのに対し、自国中心主義はミクロ的視野から近視眼的な近隣窮乏化政策をとることである。そしてケインズは後者には強く反対した。

われわれはここに一般的な利益と特定の利益の不調和の極端な例をみる。各国は、相対的立場を改善しようと努力して、近隣諸国の絶対的繁栄にとって有害な対策を採る。そしてその例はその国だけに限られないので、その国はそのような行動自体によって得をする以上に、近隣諸国による同様の行動によって苦しむことになる。今日広く提唱される改善策のすべては、事実上こうした共倒れの特徴をもっている。競争的賃金切り下げ、競争的関税、外国資産の競争的現金化、競争的通貨切り下げ、競争的節約運動、新開発の競争的抑制――すべてはこの近隣窮乏化の表れである(JMK, vol. 21, pp. 52–53)。

目 次

・引用にあたって、邦訳の存在するものについては原則として邦訳のページを記載した。ただし『ケインズ全集』については、既訳と未訳の巻が混在しており、邦訳にはすべて原著ページが併記されているため、出典表記には原著のページを記載した。

・引用は、原則として邦訳に準拠しているが、訳文に手を加えたところがある。

・『ケインズ全集』については、便宜上、ＪＭＫの略称を用いた。例えば、(JMK, vol. 5) と表記した場合、『ケインズ全集』第五巻を意味する。

第一章
初期のケインズ

ケインズと経済学の出会い

ケインズは、名門パブリック・スクールのイートンで学んだ後、ケンブリッジ大学キングズ・カレッジに進学し、数学を専攻した。ケインズが大学生活を送っていた時代は、アルフレッド・マーシャルが経済学トライポス（優等卒業試験）を創設し、経済学教育が制度化されつつあった過渡期にあたる（初期の経済学トライポスについてはKomine (2014) 第五章を参照）。大学で本格的に経済学を学んでその延長線上で経済学者になるという道筋が確立されるのはもう少し先のことである。

ケインズは幼少期から経済学的な考え方に触れる環境に恵まれていた。ケインズの父は論理学者であると同時に経済学者でもあり、経済学の方法論に関する著書があった。その伝手《つて》もあって幼少の頃から家族ぐるみでマーシャル家と付き合いがあったことを考えると、彼の経済学への関心は意外なほど低かった。ハロッドは、ケインズが四歳半のときに利子の本質を理解していたエピソードを紹介しているが（Harrod (1951) 邦訳 p. 9）、経済学という学問に興味を示すようになるのはもっと後のことである。

ケンブリッジ大学の学生時代には、哲学や政治学など、様々な分野に関心を示し、旺盛な好奇心を発揮していたが、経済学との接点といえば、高等文官試験を受験するためマーシャルの講義を数週間受講した程度である。マーシャルは即座にケインズの才能を見抜き、経済学の道に進むことを強く勧めたが、この時点ではケインズはそれを拒否している。当時ケインズが希望していた進路は大蔵省であり、経済学の研究ではなく、金融の実務に携わりたいと考えていた。

　高等文官試験では二位という好成績を収めたものの大蔵省に入ることはかなわず、インド省に入省した。この時期に主に実務面から経済への知見を深めていく。インド省をわずか二年で退職すると、マーシャルやA・C・ピグーの好意でケンブリッジに講師として復帰することができたが、ケインズが経済学の研究（というより勉強）を本格的に始めるのはこの頃からである。

　ケインズの経済学者としてのキャリアは、インド省を退職して講師としてケンブリッジに戻ってきた一九〇八年から始まる。当然ながら、ケンブリッジに戻ってきた時点ではまだ経済学上の特筆すべき業績はほとんどなかった。ケインズがアダム・スミスを読み始めたのも、やっと一九一〇年になってからであった（Skidelsky（1983）邦訳 p. 342）。この数年間は、講義を行うと同時に、ケインズ自身も経済学に関する知識を必死に詰め込んでいた時期に相当すると考えられる。

　ケインズは呑み込みが早く、直観的にものごとの本質を捉える力があったが、細かい問題を我慢強く突き詰めていくのは得意ではなかった。ベン・ステイルは、今日では間違っても細部にこだわる方が、理路整然と組み立てられたおおよそ正しい推定よりも評価されるため、もしケインズが現代に生きていたら、アメリカの名門大学経済学部で終身在職権を得られたかどうか怪しいと述べている(Steil (2013) 邦訳 p. 86)。

知の巨人として並び称されることの多いマルクスやシュンペーターとは異なり、基本的にケインズは読書によって知識を蓄積していくタイプではなかった。それでもさすがに一九一四年以前に関して言えば、講義をするために既存の文献からまとまった知識を吸収する必要があった(ケインズが受講生にどんな文献を紹介していたかについては、伊藤(2019)を参照)。

またケインズは長年『エコノミック・ジャーナル』の編集者を務め、その過程でつねに経済学の最先端の研究に触れる環境に身を置いていた。分業体制の整った現代とは異なり、投稿論文の査読、掲載可否の判断、改訂要求指示の手紙を書くといった作業のほとんどを一人でこなしていた。そこで様々な論文に触れていたため、おのずから経済学の事情には明るかった。

ただし、彼自身の関心は、こと経済学に関していえば、貨幣・金融分野に著しく偏っており、経済学の原理的な議論を自分で展開することはほとんどなかった。例えば、伝統的な古典派経済学の価値論、マーシャルが導入した消費者余剰、外部性、代表的企業、こういった概念についてケインズが論じることはきわめて稀であった(ただし、弾力性については『一般理論』第一七章や第二〇章などで応用している)。『ケインズ全集』の最終巻である第三〇巻は、その半分が詳細な索引となっているが、そこで当時の経済学(マーシャル経済学)の重要概念をみると、例えば消費者余剰は一件、外部経済、内部経済、代表的企業はいずれもゼロ件といった具合である。それはおそらく、当時の経済学の権威であったマーシャルの『経済学原理』の内容を、あえて改めて議論するまでもない自明の前提と考えていたからであろう。

ケンブリッジに戻った一九〇八年の時点ではケインズはまだ経済学に特別の愛着があったわけではなく、また経済学を生涯の仕事と考えていたわけでもなかった。だが実際に講義を始めた一九〇九年一月になるとすでに経済学者としての自覚が芽生えており、一九〇九年一月三〇日付のケインズの研究計画のリストが残存している(Moggridge(1992) pp. 197-198)。

それによると、これから書くべき論文として「経済学における「長期」」、「インドの金本位準備」、「国際通貨についての提案」、「メジアンについての数学的ノート」、「イギリスの金準備」、「相関理論の論理的基礎」、「新しい公式物価指数のための答弁」、「無リスク金利」、モノグラフとして「指数の方法」、「恐慌および商業変動の理論」、学術書として『蓋然性の原理』、教科書として「貨幣の原理」、「経済学の数学的原則」といったプランが挙げられている。

これらは、経済学の研究を開始した当初のケインズの関心事を表していると考えられる。目下の大きな課題は、一九〇八年の審査で不合格となったフェロー資格申請論文『蓋然性の原理』を改訂し、再提出することであった。そして一九〇九年三月にキングズ・カレッジのフェローに選ばれた後もこの研究は続けられ、一九一二年頃までは長期休暇のすべてを使ってこの蓋然性論文を本にまとめる作業を続けた（これは一九二一年に『確率論』として刊行される）。同時に、研究計画リストには貨幣・金融といった、この先ケインズが本格的に取り組むことになるテーマも挙がっており、早い時期から自分の今後の課題をある程度正確に見通していたことがわかる。

ただ、そもそもなぜケインズが貨幣・金融に関心をもつに至ったか、あるいはこれを今後の中心的な研究テーマにする覚悟を決めたかについては、理由ははっきりしない。もちろん、ある人間が何かに興味をもつに至るきっかけについて、論理的な説明がつねに可能であるとは限らないが、ケインズの場合、強いて挙げるならば、三点ほど考えることができる。

第一に、ケンブリッジ大学在学中にマーシャルの貨幣に関する講義を受講したことである。マーシャルの『原理』では貨幣は続刊で扱う応用的な主題として後回しにされていたが、講義ではマーシャルは貨幣・信用の問題を重視していた。短期間の受講ではあったが、マーシャルの講義はケインズに鮮烈な印象を残したようで、後に自身が講義するようになった際も、マーシャルの教えを誇らしげに自分の学生に紹介している。確かに、当初ケインズは大学に残って研究の道に進もうと考えるほど経済学に関心はなかったものの、彼が高等文官試験で志望した行き先は大蔵省であった。かなわなかったとはいえ、その時点で貨幣や金融に関する業務に携わりたいという願望があったことは確かだろう。

第二に、インド省在職中の経験である。そこでの勤務を通じてインドの経済や貨幣事情について知見を得たことは間違いない。インド省での勤務はケインズを満足させるものではなかったが、一九〇八年一二月には海外資本の流入がインドの物価に与えた影響について論じた「インドにおける最近の経済事情」を執筆し、『エコノミック・ジャーナル』一九〇九年三月号に掲載された(JMK, vol. 11, pp. 1-22)。これはケインズの経済学に関する初めての論文である。また『エコノミスト』一九〇九年七月三日号には「一九〇七〜〇八年のインド」というタイトルで、インドの精神的・物質的な進歩に関する報告書への書評を発表するなど(JMK, vol. 15, pp. 34-38)、初期のケインズにとって、インドの経済事情は大きな関心事であった。そしてケインズの貨幣関係の研究もインドへの関心とともに始まっている。

第三に、投機への関心である。ケインズは一九〇五年に株式投資を始め、同年七月六日にマリン・インシュアランス・カンパニーの株式四株を一六〇ポンド一六シリングで購入したという記録が残っている(JMK, vol. 12, p. 3)。自身の金融資産の大半を株式の購入、それも一銘柄の購入に充てるというのは、二二歳の大学生の行動として決して一般的なものとはいえない。ケインズが投機活動を本格化させるのは一九一五年に入省した大蔵省を退職した後であるが、それ以前にも、蓋然性への関心と相まって証券市場への興味は育まれつつあったと考えられる。

ケインズの講義科目

次頁の表は、『ケインズ全集』の編者モグリッジがまとめたリスト(JMK, vol. 12, p. 689)であり、講師としてケンブリッジに復帰した一九〇八年から第一次世界大戦が始まる一九一四年にかけて、ケインズがケンブリッジ大学で行った講義の一覧である。表から明らかなように、その大半が貨幣・金融に関わるものである。大学の学期は三つに分かれており、ミカエルマス学期(一〇〜一二月)、レント学期(一〜三月)、イースター学期(四〜六月)で構成される。

ケインズが初めて講義を行った日は一九〇九年一月一九日(火曜日)であり、テーマは「貨幣、信用および物価」であった。最初の四学期のあいだ、週に二回この題目で講義を行った(JMK, vol. 15, p. 30)。ダンカン・グラントに宛てたケインズの手紙によると、この初講義の聴衆は少なくとも一五人はいたという(Harrod (1951) 邦訳 p. 171)。

また一九一〇年のレント学期には「証券取引所と短期金融市場」という八回にわたる講義を余分に行い、父ネヴィルの日記によると、一九一〇年一月一九日には五二人も出席者がおり、立錐の余地もないほどであった(JMK, vol. 15, p. 30)。

イースター学期には講義から解放されていたが、一九一〇年のミカエルマス学期からは「貨

ケンブリッジ大学での講義一覧

講義名	講義年	学期数	週の時間数
貨幣，信用および物価	1908/09-1909/10	2	2
証券取引所と短期金融市場	1909/10-1913/14	1	1
貨幣理論	1910/11-1913/14	1	2
企業金融と証券取引所	1910/11-1912/13	1	1
通貨と銀行業	1910/11-1913/14	1	2
インドの通貨と金融	1910/11	1	1
短期金融市場と外国為替	1910/11-1912/13	1	1
経済学原理	1910/11-1913/14	3	2
インドの貨幣問題	1912/13	1	1

幣理論」、「企業金融と証券取引所」を、一九一一年レント学期には「通貨と銀行業」、次のイースター学期には「経済学原理」を講義した。その後もこれらの講義は概ね一九一四年まで続き、レント学期には「貨幣理論」、「企業金融と証券取引所」を、イースター学期には「通貨と銀行業」、「短期金融市場と外国為替」を、三学期を通じて「経済学原理」を講義した(JMK, vol. 15, p. 65)。

『ケインズ全集』第一二巻には、表の講義リストのうち、「貨幣理論」と「経済学原理」に関する講義ノートが収録されており、その大半が一九一二年および一九一三年の記録である。全集に収録されているこの二組の講義ノートは、異なる年度、異なる学期のものが混在している。編者のモグリッジがどのような意図でこれらを配列したかは定かではないが、上記の情報から判断するかぎり、「貨幣理論」の講義は、一九一〇年はミカエルマス学期に実施され、それ以外の年にはレント学期に実施されたものと考えられる。「経済学原理」については、すべての学期に同名の講義が実施されているため、残されたノートからそれがいつのものかを特定することは困難である。ケインズはルーズリーフ式のノートを用いており、ページの順序の入れ替えが可能であったため、講義ノートを正確に並べ直すことは不可能である（Cristiano (2014) p. 138）。一九一二年のレント学期の講義ノートは比較的、時系列に沿って配列されている傾向があるが、その合間に別の講義ノートが収録されている。

当時、貨幣や金融に関する議論で重要と考えられていたテーマは、理論面では貨幣数量説、実務面では複本位制や金本位制であった。残存しているケインズの講義ノートのなかでも、貨幣数量説および金に関する議論は非常に多い。

また、当該時期はケインズの処女作『インドの通貨と金融』（一九一三年）の刊行前後にあたる。インドに関するものでは、ケンブリッジ大学で「インドの通貨と金融」（一九一〇／一一年）、「インドの貨幣問題」（一九一二／一三年）と題する講義が行われている。また一九一〇年五月にケインズは、インドの金融に関する六回の講義をLSE（ロンドン・スクール・オブ・エコノミクス・アンド・ポリティカル・サイエンス）で行う依頼を受け、一九一一年初めに「インドの通貨、金融および物価水準」と題する講義を行っている。

現代の大学教育と比べると、あまり整理・体系化されていないが、当時の高等教育の様子がよくうかがえる。ケインズがその時どきで関心をもっていたテーマ、研究中のテーマ、そして考えていることを、学生に問題意識として問いかけ、自分の見解を披露する、というスタイルであった。インド関係の本を書いている時期にはインドについて講義をし、次章で取り上げるヴェルサイユ条約について本を書いている時期にはそれを講義するという具合に、研究と教育が一体となっていた。

モグリッジによると、「彼の講義ノートには新鮮で先端的なものがあった。そのページにピンで留められた新聞の切抜きは最新の統計数字を提供しており、ライオネル・エイブラハムズの手書きの手紙の一部が切り抜かれて貼付され、その論点を説明している。ケインズは、『ザ・タイムズ』のシティ欄から引用して、「情報通の仲間の間でさえ、インドの制度については混同」があることを例証してみせた」(JMK, vol. 15, pp. 65–66)。

この時期の講義をもとに論文「インドの通貨問題の最近の展開」(JMK, vol. 15, pp. 67–84)が書かれ(これは一九一一年五月九日に王立経済学会で朗読された)、それが『インドの通貨と金融』へと発展していった。講義を小型の書物にまとめる計画はＬＳＥでの講義以前からあったようだが、インドに関する本を書くという決意をしたのは一九一二年一一月のことであるという(Skidelsky (1983) 邦訳 pp. 446–447)。

『インドの通貨と金融』について、ハロッドは次のように評している。「それは理論家の著作であって、ケンブリッジの教室でかつてマーシャルが説き、次いでケインズが解説しつつあったあの秘伝的な貨幣原理を実践に応用したものであると同時に、制度は実際にはいかに動くものかということの秘密を見抜く卓越した才能を示すものであった」(Harrod (1951) 邦訳 pp. 189–190)。イングランドの貨幣制度はインドにとって優れた手本となるものではないという主張は、マーシャルのインド通貨委員会での証言にみられるが、ケインズはそれを自分なりのやり方で発展させていった。

この時期の特徴として、ハロッド、スキデルスキー、モグリッジといった伝記執筆者が共通して指摘していることは、当時のケインズは収入を得るためにかなりハードに講義をこなしたという点である。

イギリスでは、大学(ユニバーシティ)の中にいくつものカレッジがある。ケンブリッジの教育システムとして、ユニバーシティの一般的な講義は一方通行で行われ、人的交流を伴わず、学生が質問をすることもなかった。教育の中核をなしていたのは、スーパービジョンと呼ばれるカレッジの個人指導(複数人になることもある)であった。これは概ね週に一時間程度行われていた(Marcuzzo (2012) 邦訳 p. 23)。

ケインズは一九〇九年のミカエルマス学期には二四人の学生を抱えており、一学期に約一〇〇ポンドの収入を得た。個人指導は時給一〇シリングであった。一九〇九年のケインズの年収は七〇〇ポンドに達した(Skidelsky(1983) 邦訳 p. 351)。ケインズは当時、二〇代半ばにしてすでにケンブリッジ大学の教授に匹敵する収入を得ていたが、彼がこなしていた講義等の負担量は、現代の標準に照らして倍以上であった(Moggridge(1992) p. 187)。さすがにその負担が堪えたのか、その後は個人指導の数を減らしている。

ハロッドは、この時期のケインズが画家のダンカン・グラントや父ネヴィルに送った書簡を紹介しているが、報酬の話が頻繁に登場する(Harrod(1951) 邦訳 pp. 171-175)。この個人指導の仕事は、大部分が彼の嫌悪する下請け仕事であった(Skidelsky(1983) 邦訳 p. 351)。例えば一九〇九年一〇月二〇日のダンカン・グラント宛ての手紙でケインズは次のように愚痴をこぼしている。「指導教官の仕事は世界で最もハードな仕事だ。……僕は経済学を時間で量り売りする機械と大差ない存在になりつつある」(Moggridge(1992) p. 187)。

過大な講義負担はケインズにとって苦痛であったようで、後に、ケインズが本格的に投機をするようになった背景には、必要なお金を稼ぐために過度に時間をとられるのが嫌になったという事情もあるのかもしれない。

ケインズの「貨幣理論」講義

ここからは、ケインズが実際にどのような講義をしていたかを「貨幣理論」の講義ノートをもとにみていこう。まず、ケインズが受講生に薦めている参考文献についていうと、最近の本についてはほとんどがアメリカのもので、イギリスでは良いものがないとし、最も重要な素材の多くは公文書にみられると述べている(JMK, vol. 12, p. 726)。これは明らかにマーシャルを意識した発言である。マーシャルはこの時期、新しい本を書いておらず、ケインズが紹介している公文書はほとんどがマーシャルの証言である。

マーシャルについては一九一二年時点では三冊の著作、すなわち『産業経済学』(夫人と共著、一八七九年)、『経済学原理』(一八九〇年、第六編が一九一〇年)、『経済学入門』(一八九二年)が刊行済みであったが、いずれも、読むべき図書のリストには挙げられておらず、代わりに委員会での証言が挙がっている。またケインズは一九〇六年にマーシャルの講義を受講しており、そこで得た知見をマーシャルの教えとして自分の講義内でもしばしば紹介している。

ケインズは「貨幣理論」の講義中、マーシャルに頻繁に言及している。しかし、そのほとんどは刊行された著作ではなく、各種委員会でのマーシャルの証言からの引用であった。マーシャルに始まるケンブリッジの貨幣理論は「オーラル・トラディション」(口伝)として継承されてきたと言われるが、ケインズの講義はこれを重視していた。当のケインズ自身も、こうして貨幣に関する講義を精力的にこなしながらも、彼の貨幣理論に関する初めての著作が刊行されたのはずっと後になってからであった(『貨幣改革論』一九二三年)。

第一次世界大戦前、貨幣理論の中心的なテーマは金本位制と貨幣数量説であった。どちらも問題を抱えており、その後、ケインズはこの問題と対峙していくことになるが、初期の講義においてもその片鱗を垣間見ることができる。

ケインズの講義――貨幣理論と貨幣数量説

ケインズの貨幣に関する入門講義用のノートの冒頭には、貨幣理論の課題が何点か挙げられている。これは、講義で取り上げられる主要テーマであると同時に、当時のケインズが関心をもっていたテーマであると考えてよいだろう。「貨幣（初等）I」では、以下の六点が挙げられている（JMK, vol. 12, p. 690）。

- 良い通貨に必要な条件とは何か
- ソブリン金貨一枚に含まれている金の量が半分になったとすると、各種財の名目価格はどうなるか
- 今後一〇年間におけるこの国の一般物価水準の動向を考察するうえで考慮すべき要因は何か
- 指数とは何か、その主たる用途は何か

・ドイツとイングランドにおける現在の貨幣の購買力を数字で比較しようという試みには、どんな困難が伴うか

・現在のコンソル債の価格の変動に影響を及ぼす要因について

また、「貨幣(初等)II」では、以下の六点が挙げられている(JMK, vol. 12, pp. 690-691)。

・金の供給の増加が一般物価に影響を及ぼすプロセスについて

・物価が上昇している時期に、得をする人、損をする人は誰か

・グレシャムの法則の意味について、またそれは複本位制に対する反論になるか

・フランス、ドイツ、アメリカ合衆国、インドの通貨システムの特質

・イングランドとドイツにおける金融制度の相違

・紙幣の発行を規制する方法について

講義では、こうした問題設定や問いかけに対するケインズの所見が披露されているが、残存する講義ノートでは、必ずしもそのすべてが網羅されているわけではない。

これらのテーマの選定をみてまず気づくことは、当然のことながらマーシャルの影響を色濃

く受けているということである。実際のところ、これがマーシャルの講義の題目であったと言われても全く違和感がないほどであるが、後述のように、この頃のケインズはまだ新米講師であってマーシャルの域には達していない。

ケインズは一九一四年の講義で、貨幣数量説に関して、貨幣数量の増加がどのような経路で物価の上昇をもたらすかがはっきりしない点が、多くの実務家がこの理論に懐疑的な理由であると説明している(JMK, vol. 12, p. 776)。この点は、アメリカの経済学者アーヴィング・フィッシャーの『貨幣の購買力』(一九一一年)に対するケインズの書評の中でも、問題点として指摘されている。フィッシャーが説明したのは、「新しい金によって物価が上昇したとき、どのようにして再び均衡に到達するか」であって、「まずどのようにして新しい金が物価を上昇させるか」ではなかった(JMK, vol. 11, pp. 376-377)。そして、この点(トランスミッション・メカニズムと呼ばれる)について唯一説明を行った経済学者こそ、マーシャル(一八八七年の金銀委員会での証言)であると述べている(JMK, vol. 12, p. 776, Marshall(1926) pp. 51-52)。マーシャルのこの証言はリカードの時代以降、イングランドにおける最も重要な貨幣理論の業績であるが、フィッシャーの本はこの証言に一切言及していない(JMK, vol. 11, p. 377n)。

貨幣は、マーシャルが講義で最も頻繁に扱った主題であった(Moggridge(1992) p. 198)。とはいえ、マーシャルは貨幣理論に関する自身の考えを体系的にまとめておらず、当時マーシャルの考えが表明されていたものは、一八八七〜八八年の金銀委員会での証言および一八九八年のインド通貨委員会での証言くらいしかなかった。ケインズはこのことを「大変不幸なこと」と残念がっている(JMK, vol. 12, p. 776)。同じ趣旨の発言は一〇年後のマーシャル追悼論文のなかでも繰り返されている。

われわれがなおいっそう遺憾としなければならないのは、マーシャルが『貨幣の理論』の公刊を非常な老齢に至るまで延期したことであり、その時にはすでに、時の経過が彼の着想から新鮮さを、また彼の説明から鋭さと強さを奪い去っていたのである。経済学の分野のうちで、マーシャルの思考の独創性と優先権とがこの場合以上に顕著であり、あるいは、同時代人に比べてその洞察と知識との優越性がこれ以上に大きかったものは、他にないのである(JMK, vol. 10, p. 189)。

ケインズはマーシャルの遺産に誇りをもっており、それはケンブリッジ外部の経済学者の業績に論及する際の傲慢ともいえる姿勢として現れている。「アーヴィング・フィッシャー教授は、マーシャルによってずっと早い時期に仕上げられていた着想によく似た着想を、一再ならず、書物の形で発表した最初の人であった」といった表現はその一例である(JMK, vol. 10,

p. 189)。

続いて、当時のケインズの講義の具体的内容について検討していく。

貨幣数量説を表現する代表的な枠組みが二つある。一つは流通速度概念を用いたフィッシャー流の交換方程式、いま一つは「マーシャルのk」と呼ばれる貨幣需要を用いたケンブリッジ方程式である。後者がピグーの手で発表されるのは一九一七年のことであるが、ケインズが講義のなかで貨幣数量説を論じる際に用いているのは旧来の流通速度タイプの交換方程式である(JMK, vol. 12, p. 695)。

x：貨幣単位の数(貨幣量)
y：各貨幣単位が用いられる回数(流通速度)
V：各貨幣単位の価値(物価の逆数)
D：交換の総価値

このとき

$$xyV = D \qquad V = \frac{1}{xy}D$$

貨幣形態での購買力に対する需要の価値を所与とし、貨幣として用いられる商品はそれ以外の目的には役に立たないとし、また、各硬貨が用いられる平均回数にも変化がないとしよう。すると各通貨単位の価値は、その単位の数に反比例する。この形態における貨幣数量説は完全に正当である(JMK, vol. 12, p. 695)。

これは貨幣需要(マーシャルのk)ではなく、流通速度を用いたオーソドックスな数量説の説明である。ここから考察が進められ、第一に、何が購買力に対する需要を決めるのか。第二に、何が通貨として用いられる単位の数を決めるのか。第三に、何が流通速度を決めるのか、が議論される。

第一の貨幣需要については、以下の三つの要因に依存する(JMK, vol. 12, pp. 696-697)。

(i) 売りに出されているものの量の変化
これは総国民分配分を増減させる人口や富の変化に起因しやすい。
(ii) それらのものが一年間に持ち手を替える平均回数の変化
これは輸送手段、生産、そしてビジネス一般の変化に起因しやすい。
(iii) 通貨による以外に購買が影響される程度の変化
これは信用機関の成長に起因しやすい。

第二の貨幣供給については、以下の三つの要因に依存する(JMK, vol. 12, pp. 697-701)。

（ⅰ）保蔵
交換にではなく、価値の貯蔵に用いられる量。
（ⅱ）美術用途
歯科医、腕時計、宝石、金箔など、貨幣以外の目的に用いられる量。
金が美術用途に用いられる割合は低下しつつあるものの、なお総生産の三分の一程度は美術のために用いられているという。
（ⅲ）金の総生産
金の価値はその稀少性に依存し、稀少性はある意味、その生産費に依存する。すなわち、長期的には金は、その限界生産費がその価値に等しくなるところまで採掘されることになる。しかし金の生産費は、いくつかの他の商品の場合と比べると、生産に対してより些細な影響しか及ぼさない。というのも、金はなかなか摩耗しないため、毎年の追加分は、蓄積されたストックに比べると小さいからである。またアダム・スミスが指摘するように、金はその限界生産費がその価値より高い場合にさえ、採掘される傾向がある。さらに、突然の金鉱の発見など、通常の価値論が適用できないような要素もある。

第三の流通速度については、その測定を非常に難しいものとしつつも、フィッシャーの試算を紹介している（JMK, vol. 12, p. 700）。フィッシャーは、アメリカ合衆国において一八九六年に各硬貨が平均して年に一八回用いられた(つまり貨幣は平均して約二〇日保有された)と計算した。イングランドにおいては現在のところ流通速度はこれよりはるかに大きいとケインズは考えている。そして流通速度の変化は購買力の総供給に非常に大きな影響を及ぼし得る点を指摘している。

流通速度を測定することの困難については、当時すでに何人かの経済学者によって指摘されている。一九一二年レント学期の講義のなかでケインズが引き合いに出しているのは、ジェボンズ(『貨幣と交換の機構』一八七五年、第二六章)である(JMK, vol. 12, p. 762)。マーシャルも一八七一年の未公刊草稿のなかで、「一般に財は生産者から消費者への過程で多数の、しかし異なる数の人の手を経るという事実」は「流通速度と貨幣価値との関係を確立しようと試みる」際には大きな困難をもたらす点を指摘し(Marshall (1871) p. 169)、流通速度の概念を放棄したが、ケインズはこれには言及していない。

また、イングランドにおいては流通速度を測定する試みはほぼなされていないのに対し、合衆国では限りある材料から大雑把な測定が試みられている。初期のものとしては、「ないよりはまし」程度の精度ではあるが、ケンメラーによる推定で、一八八六年の流通速度を四七であるとしている(JMK, vol. 12, p. 762)。これに続いてフィッシャーの方法と実験が紹介され、合衆国における一八九六年の貨幣の流通速度は一八、一八九六年から一九〇九年にかけての銀行預金の流通速度は三六から五四に増加したという(JMK, vol. 12, pp. 762-764)。

これらの要素を組み込んで、交換方程式を少しアレンジした説明もみられる(JMK, vol. 12, p. 701)。

(売られている消費財の価値×生産の過程でそれらの価値の各要素が取引される平均回数)−物々交換ないしは信用によって達成される購買＋信用取引を支える銀行準備＝需要(D)

(鉱山の産出量−美術用途への使用−保蔵)×流通速度＝供給(S)

Vを通貨一単位当たりの価値とすると、数量説では、$V=\frac{D}{S}$となる(JMK, vol. 12, p. 701)。

とはいえ、美術用途や保蔵を考慮するといったアプローチはマーシャルが一八七一年の未公刊草稿で展開していた議論そのものであり、ここでの説明も、基本的には流通速度を使った旧来型の説明の域を出るものではない。

ケインズは、貨幣価値は長期的には生産費によって支配される、と主張しつつも、「長期的には」という限定句の重要性に注意を喚起しており、その長期が予見できないほどの長きにわたる場合にはその重要性の大半を失うことを指摘している(JMK, vol. 12, p. 752)。これは後の『貨幣改革論』における「長期的にはわれわれはみな死んでいる」(JMK, vol. 4, p. 65)という立場の原型といえるだろう。

初期のケインズは、フィッシャーの『貨幣の購買力』に対抗してマーシャルの業績を最大限に礼讃しているが、奇妙なことに、マーシャルが流通速度概念に不満を感じて貨幣需要に力点を置いた説明を開拓した点は無視されている。この講義から一〇年ほど後の『貨幣改革論』において、ケインズはケンブリッジ型の現金残高アプローチを縦横に用い、「私の説明は、ピグー教授、およびマーシャル博士の所説に従うものであり、おそらく、より一般に知られていると考えられるアーヴィング・フィッシャー教授の分析には従わなかった」と述べるに至るが(JMK, vol. 4, p. 63n)、初期の講義でケインズが従っていたのはフィッシャー流のアプローチであった。ケインズがマーシャルの貨幣理論を本当の意味で吸収したといえるのは、この初期講義よりしばらく後のことであると考えられる。

この頃のケインズは、「物価の下落よりも物価の騰貴を選好する十分な根拠は存在しない。むしろ物価下落の方が好ましいと考える理由さえいくつか存在する」(JMK, vol. 12, pp. 717–718)と述べ、『貨幣改革論』とは逆に、インフレよりもデフレを擁護している。また、「我々はその用語によって、債務者を貧しいと考えたり、債権者を裕福であると考えたりする思い違いをしてはならない」とし、「富の分配に対する物価騰貴の影響は、全体として、好ましくないものと言ってもよいであろう。すなわち、それは既存の不平等を縮小させるよりは増大させるものである」と述べている(JMK, vol. 12, p. 716)。そして「産業の生産性を減退させるものは、予期されない物価変化である」と主張した。その根拠は、それらが判断ミスをもたらし、判断ミスは無駄を生じさせるからというものであった(JMK, vol. 12, p. 717)。

ケインズの講義——通貨制度と金生産

古典とされる経済学の文献では、純粋理論に関する議論と、事実や歴史、制度に関する議論は峻別されず、交じり合っていることが多い。とりわけケンブリッジにおいては、理論の研究と事実の研究はどちらも不可欠であるというマーシャルの意向を汲んで、その傾向が強い。

ケインズは、国ごとのあるべき通貨制度の姿については、特にインドの場合に顕著なように、初期から踏み込んだ提案をしており、例えば一九一〇年二月には「中国の通貨制度に関する覚書」を書いている(JMK, vol. 15, p. 60)。そこで、中国が採用するのにふさわしい唯一の制度は金為替本位制であるという意見を表明している(JMK, vol. 15, p. 62)。

ピグーは一九〇八年七月六日に、ケインズに「貨幣、信用および物価」の講義を依頼するにあたって、「可能な限り現実に即して」やってくれるよう求めた(Moggridge (1992) p. 199)。ケインズの講義のなかでも理論パートと通貨史や制度を述べるパートとは特に区別されているわけではないが、ここでは通貨史に関する議論を検討する。講義ノートは、金生産などの歴史的データを用いた淡々とした解説が中心となっている。

ケインズによると、過去一〇〇年間の通貨史のなかで重要な危機が三回あり、貨幣理論の発展もそれらの危機と関連しているという。第一は地金論争である。一七九七年にイングランド銀行は銀行券の金兌換を停止した。金価格の騰貴やインフレを受けて、リカードは「地金の高い価格」(一八一〇年)を発表したが、ケインズはこれにしばしば言及している(JMK, vol. 12, p. 772)。第二はカリフォルニアおよびオーストラリアにおける金の発見で、大きな論争に発展した。ここではシュバリエ、ケアンズ、ジェボンズの名が挙げられている。第三はラテン同盟およびドイツにおける銀の廃貨で、複本位制論争を引き起こした。一八八八年の金銀委員会でのマーシャルの証言、他にマクラウド、タウシッグ、ニコルソン、フォックスウェルらの名前が挙がっている(JMK, vol. 12, pp. 772-773)。

金銀複本位制とは、「金と銀の両方が自由に鋳造され、公的当局によって定められたレートで両方が無制限の法貨となっている通貨システムであり、債務者は自分の判断で二つの金属のいずれでも支払う権利をもっている」制度である(JMK, vol. 12, p. 719)。一九世紀には、ヨーロッパの多くの国で、金貨と銀貨の鋳造および流通が認められていた。一八七〇年代以前に金本位制を採用していた国はイギリスを含めごくわずかであり、ほとんどの国は複本位制ないしは銀本位制を採用していた。したがって、通貨制度のあり方として複本位制を議論するということは自然なことであった(そして著名な経済学者の多くが複本位制について議論しているが、その詳細については例えば，Laidler(1991)，Friedman(1992)，伊藤(2007)などを参照)。

ケインズの講義では，金生産の歴史について，豊富なデータをもとに概説しつつ，その転機と経済史的背景を説明している。一例として，ケインズの挙げている金の産出量の年間平均の推移をみると，大きな伸びを示している期間が二つある。上述の三つの危機と符合するが，一つは一八五〇年前後のカリフォルニアとオーストラリアにおけるゴールドラッシュの時期である。この金発見を経て，世界の金生産は，年間二〇〇万ポンド台から年間二〇〇〇万ポンド台へと約一〇倍に増加することとなった。この時期には，非常に急速な物価上昇がみられ，経済学者のあいだで通貨に関する大論争が勃発した(JMK, vol. 12, pp. 704, 772)。

金生産が大きく増加した第二の時期は，一八八〇年代から九〇年代である。一八五〇〜八八年の間，金生産のほとんどをオーストラリア，北米，ロシアが占めたが(JMK, vol. 12, p. 744)，一八八六年のトランスバールでの金発見から，アフリカの重要性が高まっていく。

南アフリカでの「金の生産量は一八八六年……には一トン未満だったが，一八八九年には一四トン，さらに，ボーア戦争が勃発する前の一八九八年には一二〇トン近くまで増えた。一二〇トンの金には，一八九八年の市場価格で約一六〇〇万ポンドの価値があった」(Bernstein (2000) 邦訳 p. 286)。ケインズは一八九八年から一九一三年までのトランスバール，ローデシア，西アフリカの金生産の年次データを挙げている(JMK, vol. 12, p. 738)。

ケインズの提示している別の資料によると、一八八二年の世界の金生産二〇五〇万ポンド中、アフリカが占める割合はわずか七万ポンドにすぎなかったが、一九〇八年には九一〇三万ポンド中三三六六万ポンド、一九一三年には九四七二万ポンド中四一五三万ポンドをアフリカが占めるに至った(JMK, vol. 12, p. 740)。

西村(1980)によると、一八二六年の法律によって、一八二九年以後、五ポンド以下の額面の銀行券発行がイングランドでは禁止された。一九世紀における英貨五ポンドは、金純分に換算して、約一・一七八オンス(二〇二三年現在の日本円にして約三五万円)にあたる。イングランド銀行券は、一般大衆のあいだではほとんど流通せず、民間銀行の現金準備、旅行用現金、高額耐久消費財の買入れなどに用いられていたにすぎず、民間に流通する現金通貨の圧倒的大部分は金貨であった。例えば一九一四年の連合王国における金貨流通高は一億二三〇〇万ポンドであったのに対し、イングランド銀行券流通高は三一六〇万ポンドであった(西村(1980) pp. 20–21)。当時、金の流通量と物価との関係をめぐる議論が活発になされたのには、このような背景がある。

ケインズによると、近年、金の年間産出量が大きく増加したが、物価の上昇はそれほどでもないという。ケインズはザウエルベックの物価指数を用いて物価の推移を検証し、将来の金価格の予測を行っている。ザウエルベックの指数は一九一二年の時点からみて、過去四〇年間で高いときには一一一、低いときには六一であり、一九一一年で八〇である。一九一二年時点でも、一八七三年から九六年までの長期にわたる物価下落のせいぜい半分を回復したにすぎない。今後、年間約四・五％のインフレを仮定した場合でも、ザウエルベックの指数で物価が一八七三年の水準に戻るには一九二〇年までかかるという(JMK, vol. 12, pp. 773-775)。実際にはその後、世界大戦が発生して大きく状況が変化したが、それはまた別の話である。

注目すべきは、一九〇〇年から一一年にかけて、世界の金生産は二倍近くに増大しているにもかかわらず、物価指数でみると一九〇〇年の七五から一一年の八〇とわずか五ポイントしか上昇していない点である。「過去一一年間の経験は、金の産出量は必ずしも物価に対して支配的影響をもっているわけではないことを示すのに十分である」(JMK, vol. 12, p. 773)。このように、ケインズの講義は豊富な歴史データを用いて、貨幣量が物価を比例的に上昇させるという貨幣数量説を実証的に否定した。ケンブリッジにあって、正統派の経済学者であることと、貨幣数量説を否定することは、何ら矛盾するものではなかった。貨幣数量と物価とのあいだに比例的関係が成り立たないことは、既にマーシャルが指摘していたからである。したがって、「貨幣数量説が幅を利かせていた正統派の伝統の中で、『一般理論』のケインズが初めてそれを否定した」、といった神話には根拠がないことを改めて強調しておきたい。

ケインズはこれの次の回の講義(一九一二年レント学期第九講)では、一八〇九年から一六年のあいだで、貴金属の供給はほぼ一定であったにもかかわらず、物価がほとんど半分になった、というマーシャルの金銀の価値に関する王立委員会での証言(一八八七年、質問九六九五)を引用している(JMK, vol. 12, p. 719)。

こうした問題について、マーシャルは貴金属の年産出高が既存ストックに比べてわずかである点を指摘していた(Marshall (1926) p. 177)。

貨幣数量説のロジックでは、貨幣の供給が増えれば貨幣の価値は下がる(物価は上がる)ことになるが、同じ時期に新たにロシア、インド、ブラジル、アルゼンチンといった国が新たに金本位制を採用したことによって、世界の金需要が増え、相殺されてきた。

当時のケインズは伝統的な数量説の解説をする一方、現実認識ではグローバルな観点からの貨幣需要の増加によって数量説のロジックが成立しなくなる可能性を正しく把握していた。

ケインズのケンブリッジでの講師生活は突如として終わりを迎えた。次章では、そのきっかけとなった第一次世界大戦について述べる。

第二章

第一次世界大戦と対独賠償問題

ケインズはイギリス大蔵省のスタッフとして、第一次世界大戦後の対独賠償問題に関わっていた。その関心のほどは、『ケインズ全集』全三〇巻のうち、実に五巻分が対独賠償問題に関する論説で占められていることからもうかがえる。

内訳をみると、まずケインズの名を世界的に知らしめた名著『平和の経済的帰結』(第二巻)、およびその続編にあたる『条約の改正』(第三巻)という著書二冊がある。それに加え、新聞や雑誌への寄稿、講演録などの各種論説を集めた第一六巻『大蔵省とヴェルサイユ――一九一四～一九年の諸活動』、第一七巻『条約改正と再興――一九二〇～二二年の諸活動』、第一八巻『賠償問題の終結――一九二二～三二年の諸活動』がある。第一六～一八巻に収録された論説だけでも、あわせて一〇〇〇ページを超えるボリュームがあり、当時のケインズは大蔵省を離れた後も、相当この問題に入れ込んでいたことがわかる。

彼が対独賠償問題にここまでエネルギーを注いだのは、経済学者ケインズという観点からすると一見、意外にみえるかもしれない。しかし、ケインズが当初よりもっぱら金融問題に強い関心をもっていたことを想起すると、さほど驚くことでもない。対独賠償問題も、主に金融の見地から考察されており、ケインズの当初よりの関心と符合する。したがってこの問題は、気まぐれの寄り道などではなく、(国際)金融の専門家としてケインズが真っ向から取り組むべき本業の課題であったと考えることができる。

第一次世界大戦勃発とイギリス

まず、イギリスが第一次世界大戦に参戦するに至った経緯について簡単に触れておこう。歴史の教科書に記載されているように、大戦の発端は一九一四年六月二八日、ボスニアのサライェヴォを訪問中のオーストリア皇位継承者フランツ・フェルディナント大公がセルビアの青年によって暗殺されたことであった。それだけであれば、あくまでオーストリアとセルビアという二国間の外交問題にとどまるが、当時のヨーロッパには複雑な同盟関係があり、オーストリアの背後にはドイツがついていた。積極的な対外政策を推進していたドイツ皇帝ヴィルヘルム二世に背中を押されてオーストリアがセルビアに宣戦布告すると、バルカン地域における力関係からそれを看過できないロシアも関与することになった。ロシアが参戦したことで同盟国のフランスも参戦することになるが、ドイツでは露仏両国を相手にしても戦えると考える者もいた。その際、ドイツで考案されたのがシュリーフェン・プランである。これは露仏両国と同時に二正面作戦を行うのは好ましくないため、まず西部戦線に戦力を集中的に投入して短期決戦でフランスを破り、それから東部戦線でロシアと雌雄を決するという計画であった。このプランは様々な問題点を抱えていたのだが、ロシアの国土は広大で、鉄道などの輸送手段が未整備でロシアの動員態勢が整うまでに一カ月以上かかるだろうという読みがあった。

実際には、ロシアは七月二五日にはセルビア支援のための動員準備に着手していた（小関・平野（2014）p. 33）。ドイツは七月三〇日、戦闘をベオグラード占領に限定するようオーストリアに働きかけていたが、オーストリアはこれを拒否した。ドイツは七月三一日、軍事行動の停止を求める最後通牒をロシアに突きつけ、八月一日、ロシアに対して宣戦布告した。西部戦線の戦端が開かれたのは、八月二日のドイツ軍によるルクセンブルク侵攻であった。九月上旬にパリ近郊のマルヌで行われた会戦でドイツ軍の進撃が食い止められたことで、シュリーフェン・プランは破綻し、ドイツは二正面作戦を強いられることになる。

否応なく巻き込まれることになったフランスは、協商関係にあるイギリスの参戦を期待していたが、八月初頭の時点でイギリスは態度を鮮明にしていなかった。イギリスにとってはドイツも重要な貿易相手国だったからである。小関・平野（2014）によると、当時の協商や同盟関係には、軍事的支援の責務の規定はなかった。ドイツから参戦要請を受けたイタリアは、同盟の責務は防衛的なものとしてこれを拒否している。「各国は同盟（協商）システムゆえに否応なく参戦したのではなく、参戦にリスクを正当化しうるだけの価値を見出し」ていたというのが実情であった（小関・平野（2014）pp. 36-37）。

フランスへ進軍する過程でドイツ軍は中立国ベルギーの通過を要求するが、それを拒否したベルギーに侵攻した。これに対してイギリスではベルギーに対する同情論が湧き上がり、中立国ベルギーを侵攻したことでイギリスもドイツに宣戦布告することとなった。ベルギー国王アルバートは、イギリス国王ジョージ五世に外交支援を求めた(Bond(2002)邦訳p. 10)。なお、イギリスには数十万人のベルギー避難民が到着し、当初は熱烈に歓迎されたが、同情は長くは続かず、その後は厄介者扱いを受けるようになった(Taylor(1965)邦訳pp. 20–21)。

イギリスの開戦の意思決定は簡素なものであった。八月四日、国王ジョージ五世が大臣一人と宮廷付役人二人のみが出席した枢密院会議で対独戦争状態宣言を裁可した。対独最後通牒も、内閣の検討を経ずに外相グレイが首相アスキスと協議したのち送付した(Taylor(1965)邦訳p. 6)。当初、戦争はこれまでのように軍隊同士で行うもので、一般市民にはほとんど関係のないことと考えられていたのである。

ただし金融に関しては混乱が予想されていた。七月二九日までは三%であった公定歩合は急上昇し、七月三〇日には四%、七月三一日には八%、八月一日には一〇%にまで引き上げられた(Hawtrey(1938)邦訳p. 289)。また七月三一日にはロンドン証券取引所が閉鎖された。イングランド銀行の外では、ポンド紙幣を金貨へ交換しようという群衆が殺到して大行列をつくった。当時、一ポンド金貨はまだ一般的に使われていたが、人々が隠匿しはじめるかもしれないという懸念から、大蔵省に一ポンドおよび一〇シリング紙幣を発行する権限が与えられた。イギリスの紙幣流通量は戦前の三四〇〇万ポンドから一九一八年の二億九九〇〇万ポンドへと大きく増加した(Taylor (1965) 邦訳 p. 8)。

ロンドンでは新聞各紙が数時間おきに号外をとばした。当時、イングランド銀行はアメリカやフランス、そしてドイツと比べてさえ少ない金準備しか保有していなかった(Roberts (2013) p. 75)。七月二〇日から三〇日にかけての一〇日ほどでコンソル債の価格は七五・八ポンドから六九ポンドへと約九%下落した(Roberts (2013) p. 13)。銀行は八月六日まで休業した。ロンドン証券取引所が再開したのは年明けになってからであった(Roberts (2013) p. 6)。ロバーツは、これが先立つ信用の膨張も投機的熱狂も資産バブルも伴わない金融ショックであったという点で、珍しいタイプの危機であったと指摘している(Roberts (2013) p. 5)。

第一次世界大戦とケインズ

ケインズは、前章でみたように一九一四年までケンブリッジ大学で講師として忙しく講義生活を送っていたが、イギリスが参戦する直前の八月二日、大蔵省のバジル・ブラケットから祖国のために力を貸してほしいと要請を受けた。このブラケットは、それに先立つ「インドの金融・通貨に関する王立委員会」で事務局長を務めた人物で、そこでケインズの才能を目の当たりにしており、白羽の矢を立てたのであった。要請を受けてケインズは即座にロンドンに出向いた。そこでケインズは、金融に関しては素人であった大蔵大臣ロイド・ジョージの教育係を担当することになり、彼のために「金の支払い停止に反対する覚書」を執筆した(JMK, vol. 16, pp. 7–15)。ケインズの努力の甲斐あって、ロイド・ジョージは目覚ましい勢いで知識を吸収していった。この時点でのケインズは、国際金融センターとしてのロンドンの地位を守ることが重要であると考えていた。後にはそれ以上に国内経済を優先すべきであるという立場へと変わっていくのであるが、それについては次章で述べる。

またその間にもイギリスの金融事情を注視しており、『エコノミック・ジャーナル』や『バンカーズ・マガジン』に戦争の見通しや金融関連の時事的な論説を寄稿したり(JMK, vol. 11)、恩師のマーシャルへの手紙で一部の銀行家の無能さに愚痴をこぼしたりしている(JMK, vol. 16, pp. 30–31)。

「覚書」は臨時の仕事であったが、それから数カ月後、一九一五年一月にロイド・ジョージの特別顧問であったジョージ・ペイシュの助言者として改めて大蔵省に迎えられた。ロイド・ジョージは外部から助言者を集めてまわりに置いていた。ペイシュがその役を務めていたが、負担軽減のため、ケインズが補助者として雇われたのである。これには元インド省次官で、大蔵省の金融担当次官を務めていたエドウィン・モンタギューが口添えをしてくれた。ケインズはイギリス大蔵省をアメリカ財務省と誇らしげに比較し、アメリカ財務省がもっているのは税金を集める権限くらいだとこきおろしている(JMK, vol. 16, p. 296)。

二月にはロイド・ジョージらとともに連合国合同金融会議に出席していた。

同年五月、自由党のアスキスが保守党との連立内閣を樹立した。ロイド・ジョージは軍需大臣となり、大蔵大臣がロイド・ジョージからレジナルド・マッケナに代わると、ケインズは金融問題を扱う第一課の職員に加わった。大蔵省に常勤の職を得ることとなり、学生時代の念願がかなったともいえる。

六月には早速、イタリアとの金融協定を結ぶためにマッケナとともにニースに出向いている。上司となったマッケナとケインズはうまが合い、親しい間柄となった。ケインズは後にマッケナについて「アスキス氏を取り巻いていた才気煥発な一団のうち、最も大胆な、しかもなお最も建設的で忍耐強い知性の持ち主」と評している(JMK, vol. 10, p. 58)。マッケナはアスキスとも懇意であったため、ケインズは週末には頻繁にマッケナ家やアスキス家に出入りするようになり、かわいがられた。後に『平和の経済的帰結』で講和会議出席者の人となりについてケインズが詳細な描写を行ったのは、アスキス夫人マーゴットからのリクエストに応えたという面もあった(JMK, vol. 17, p. 4)。

大蔵省におけるケインズの当初の仕事は予算の問題に関わるものであった。

一九一五年八月、ブローニュで開かれた連合国間金融会議に出席した。ポンドの下落を受けて、イギリスはアメリカからの融資を渇望していたが、アメリカはあまり乗り気ではなかった。九月一五日には「インフレーションの意味」と題する文書を書いている。これは国内のインフレがイギリスの国際収支に及ぼす影響を分析したものである。その論旨を簡単にまとめると、通貨の供給量を増やすと、それを手にした労働者階級は消費支出を増やし、物価も上昇する。それは同時に輸入をも増やすことになり、貿易収支を悪化させることになるというものであった(JMK, vol. 16, pp. 125–128)。

マーシャル経済学のロジックでは、一般に、インフレ時には賃金は物価ほど上昇しないため、実質賃金は低下するのであるが、当時のケインズがどういう考えでこのような推論を展開したのかははっきりしない。

また九月にはロシアとの交渉の矢面に立ち、一一月にはイタリアとの交渉に従事していた。その間も、大量の覚書を執筆し、ロンドン大学のユニバーシティ・カレッジで公開講座を実施した(Skidelsky (1983) 邦訳 pp. 511–513)。

一二月、イギリスでは徴兵制の原則が戦争閣僚会議で承認され、翌一六年一月には一八歳から四一歳までの独身者は兵役に入る義務があるとする兵役法が成立した。イギリス軍の規模は、平時には四〇万人程度であったが、一九一五年までに二五〇万人となり、一九一六には徴兵制により三五〇万人に達した。一九一七〜一八年には四〇〇万〜四五〇万人にまで増えている。これはイギリスの全男子労働力の三分の一を占めた(Clarke(1996)邦訳p. 76)。

ケインズは、国家にとって重要な仕事に従事しているという理由で兵役を免除されることになっていたが、兵役免除審査局に改めて良心的徴兵拒否の立場を表明している。

スキデルスキーによると、ケインズは当初、戦争に反対していなかったが、友人たちが犠牲になることは望んでいなかった。大きな軍事力でもって正面から戦うより、資金援助による戦争遂行はイギリスの伝統的なやり方だった。しかし外国人ならばいくら殺されても構わないという考え方には倫理的に問題があり、一九一六年以降は和解による戦争の終結を望むようになった(Skidelsky(1983)邦訳p. 501)。ただ、ブルームズベリーの友人たちが戦争の継続に反対するなか、ケインズ自身は大蔵省で戦時経済をとりまわす仕事に充実感を覚えていた。ブルームズベリーの仲間の一人リットン・ストレイチーは、ケインズに大蔵省を辞めるよう迫っている(Skidelsky(1983)邦訳p. 528)。

一九一六年になると、イギリスは対米依存を強めつつあった。英米の外交関係は良好ではなかったが、イギリスはアメリカから大量のドルを借り入れ、それを連合国にまわしていた。

「一九一六年半ばには、イギリスは、イタリアの対外調達戦費のすべてと、ロシアのそれの大部分、そしてベルギーとセルビアのそれの半分を支払っていた」(Skidelsky(1983)邦訳p. 544)。

これについてケインズは「われわれの味方は唯一フランスだけで、残りは傭兵だ」と述べている(JMK, vol. 16, p. 187)。

アメリカはドイツと貿易をしており、イギリス海軍が米独間の貿易を妨害すると、アメリカ政府は苛立ちをみせた。イギリスの主要取引銀行であったＪ・Ｐ・モルガンは、親英的なウィルソン大統領の再選に反対した(Steil (2013) 邦訳 p. 92)。ニューヨークはロンドンに代わって世界の金融センターになる野心を抱いており、アメリカの銀行が必要な規模の貸し出しを続けるべきかどうか疑問を抱いていた。

ケインズは一九一六年一〇月に「連合王国のアメリカ合衆国に対する金融的依存」と題する文書のなかで、わが国の対米政策は、アメリカの報復を招いたり苛立たせたりするようなことは避けねばならず、アメリカを懐柔し、喜ばせるものでなければならないと述べている(JMK, vol. 16, p. 198)。

一九一六年一一月、ＦＲＢ(連邦準備局。一九三五年に銀行法で連邦準備制度理事会に再編された)が加盟銀行に対し、外国への融資を削減するよう指示したことで、イギリスは金融危機に陥った。

一二月、ロイド・ジョージがアスキスに代わって首相となり、保守党のボナ・ローがマッケナの後を継いで蔵相となった。当初ケインズはこれに落胆したが、後にはボナ・ローとも意気投合した。

一方、ロイド・ジョージとはうまくいかず、一九一七年二月にはケインズがCB(Companion of the Bath)の叙勲を受けることになっていたのを、ロイド・ジョージの一存で叙勲者リストから除外されたという一幕があった。結局、ケインズはその数カ月後に受勲することとなったが、師のマーシャルはこれを喜び、ケインズにお祝いの手紙を送っている。その中で、ケインズが行政の仕事のために科学を放棄しないことを願うとともに、いかなる経済学者よりも国家の業務について熟知している一方、いかなる政治家よりも経済学に精通していることがケインズの強みだと指摘している(JMK, vol. 16, pp. 222-223)。

この時期、国際金融問題を扱うA課が第一課から分離し、ケインズはA課の責任者となった。ロイド・ジョージはオックスブリッジ出身のエリートではなく、叩き上げの弁護士であった。A・J・P・テイラーは、ロイド・ジョージを「イングランドに存在し得たかぎりでナポレオンにもっとも近いもの、個人的な業績によって自らを維持する最高支配者であった」と評している(Taylor (1965) 邦訳 p. 68)。彼はジョージと呼ばれることを嫌い、人々に「ロイド・ジョージ」と呼ぶよう要求した。

アスキスは閣僚に人気があり、ロイド・ジョージは民衆に人気があった。ケインズとロイド・ジョージとの関係は時期により変化するが、この頃の関係は良好であったとはいえない。

『平和の経済的帰結』には、クレマンソーやウィルソンなど各国首脳についての辛辣な人物描写がみられる。当初はロイド・ジョージに関する描写も用意されていたが、アスキスの忠告を受けて収録は見送られた。なおその部分は後に『人物評伝』(一九三三年)に収録された。

一九一七年には商務省の要請で、経済史家のW・J・アシュリーと連名で「賠償の影響に関する覚書」を執筆している(JMK, vol. 16, pp. 313–334)。

この一九一七年にはアメリカの参戦という転機が訪れた。一九一五年五月、イギリスの大型客船ルシタニア号がドイツの潜水艦により撃沈された。この船にはアメリカ人の乗客が一〇〇人以上いたこともあり、アメリカの対独感情は悪化していた。ドイツはアメリカの参戦をおそれて無制限潜水艦作戦をいったん中止したが、膠着状態を打破するため、一九一七年二月に作戦を再開した。この作戦の発動を受けてアメリカはドイツと国交を断絶、さらに四月にはドイツに宣戦布告した。なお、米軍が実際に西部戦線に参加するのは翌一八年春のことである。

一九一七年のケインズの関心事は、いかにアメリカから資金を引き出せるかという問題にあった。九月には金融問題を討議するためアメリカを初訪問している。従来は、ドルの供給が得られるのはイギリスがアメリカから物資を購入する場合に限られていたが、カナダから購入する小麦代金の分の融資を取り付けることに成功したのが成果だった(Skidelsky (1983) 邦訳 p. 557)。

戦時中のケインズの見通しとして、同年一二月には戦争の長期化の影響を懸念する手紙を母に書き送っている。もう一年も経てばイギリスが新大陸に設定した請求権を喪失し、代わりにイギリスはアメリカへ抵当に入れられてしまうと書いている(Harrod(1951) 邦訳 p. 257)。

この頃から、ケインズの仕事は、連合国間の金融を支える要であったポンド・ドル相場の維持から、アメリカからの贈り物の配分にかかわる連合国やアメリカ当局との交渉へと移っていった(Skidelsky(1983) 邦訳 p. 559)。イギリスは、自国の資産だけで連合国の面倒をみることができず、連合国のためにアメリカから巨額の資金を借りざるを得なかった。アメリカは、信用の低いフランスやイタリアに資金を貸すことを好まず、イギリスに貸すことを選択した(JMK, vol. 16, pp. 274-285)。

イギリスはフランスに多額の貸付をしており、いつ返してもらえるかわからない状況であった。ケインズはフランスの国際収支を助けるため、一九一八年三月、パリで絵画の競売に参加した。用意した資金は五五万フラン(約二万ポンド)、同行したのは国立美術館の館長チャールズ・ホームズ卿であった(Skidelsky(1983) 邦訳 p. 569)。公費で絵画を買い付けたいというケインズの提案を、大蔵大臣のボナ・ローは笑って許可したという。この話を聞いて、ケインズの友人であったブルームズベリーの芸術家たちは大興奮で、あれを買えこれを買えと口うるさく指示している。

一九一八年四月には、母宛ての手紙で「私は、われわれの不幸はジョージのせいであると考えます。われわれは詐欺師に統治されているのであり、それによって当然の結果がもたらされています。一方、われわれを救うことができると私が信じている老アスキスは、さらに一段とのんびりした田園生活の探究かつ愛好に熱心となっており、騒乱にはますます気が向かなくなっています」と書き送っている(Skidelsky(1983) 邦訳 p. 566)。

ケインズのロイド・ジョージに対する見方に変化が生じたのは、戦争終結後の一九一九年初めから春にかけてのドイツへの食糧引き渡し問題であった。休戦条約では、連合国は必要と思われる程度までドイツの食糧補給について考慮することになっていた。ドイツは連合国から購入する食糧に金《きん》で支払うことを申し出たが、賠償金のためにドイツの金を温存したいフランスがそれを許可せず、ドイツへの食糧引き渡しは遅滞していた。このフランスの妨害行為にロイド・ジョージは激怒し、「[フランス大蔵大臣ルイ＝ルシアン・]クロッツ氏は、ボルシェヴィズムをヨーロッパに広めた人々の間で、レーニンやトロツキーの列に伍することになるだろう」と叫んだ(JMK, vol. 10, p. 423)。ケインズはこれに大いに賛同した。スキデルスキーは、ケインズがロイド・ジョージに協力的になった萌芽をこの一件に求めている(Skidelsky 邦訳 p. 591)。これに関連する事情は『人物評伝』所収の「敗れた敵、メルヒオル博士」に詳しい(JMK, vol. 10, pp. 389–429)。

なお一九一八年一〇月には、後に妻となるロシアのバレリーナのリディア・ロポコヴァとの出会いがあった。

戦争の終結とパリ講和会議

一九一八年一一月にドイツと連合国との間で休戦協定が締結された時点では、まだ連合国軍はドイツ国内に侵入していなかった。

一一月一一日にドイツと休戦が締結されたとき、それは海軍と陸軍だけの問題とみなされていて、一般当局者は誰も出席していなかったか、協議に参加しなかった。陸軍に関する問題は連合国最高司令官に就任したフェルディナン・フォッシュ元帥一人の仕事であって、他の連合国軍の陸軍代表は誰も加わらなかった(JMK, vol. 10, p. 390)。休戦はほんの数週間の事柄にすぎないと思われていた。フォッシュ元帥はフランス人であり、一連の処置がフォッシュの管轄下にあることを利用して、フランスは財務代表を任命し、他の連合国と協議せずに実質的に重要な問題についてドイツ側と直接交渉をしようとしていた。ケインズはフォッシュを「フランス人の百姓」と評している(JMK, vol. 10, p. 391)。

ドイツ軍の中には自分たちが戦争に負けたとは思っていない者もいた。首脳部が敗戦の責任を認めることもなかった。敗戦の責任を転嫁する過程で「背後の一突き伝説」が生まれた。これは、ドイツ軍を『ニーベルンゲンの歌』で背後から刺されて命を落とした英雄ジークフリートに見立てて右派が広めたスローガンで、ワイマール共和国を非難する人々に利用され、反ユダヤ主義へとつながっていく。ヒトラーもその影響を受けた一人であった。ヴェルサイユ条約に調印した人々は「一一月の犯罪者」と糾弾された。休戦協定に署名しヴェルサイユ条約に調印したマティアス・エルツベルガーは一九二一年八月に極右勢力に暗殺された。続いてワイマール共和国で賠償問題の交渉にあたっていた外相ヴァルター・ラーテナウも一九二二年六月に暗殺されるなど、政局は混迷をきわめることになる。

この戦争はヨーロッパ全体に大きな打撃を与えた。国土が直接戦禍にさらされなかったイギリスも例外ではなく、経済的にも人材的にも大きな打撃を被った。イギリスの戦費支出は参戦国中最大規模であり、また約七五万人の戦死者がでた。オックスフォード大学やケンブリッジ大学の優秀な学生が数多く戦争で命を落とした。アスキスやボナ・ローなど、大物政治家のなかにも戦争で息子を失った者がいた。一九二一年のイギリスでは、二〇代の女性の数が男性よりも一九%多かったという事実は、この戦争が残した爪痕の深さを物語っている(Clarke (1996) 邦訳 p. 77)。

イギリス政府の国債残高は一九一四年には六億二〇〇〇万ポンドであったが、一九二〇年には八〇億ポンド近くまで増加していた。また一〇億ポンドを超える対米債務があった(Clarke (1996) 邦訳 p. 122)。

金利生活者階級は戦争に伴う激しいインフレで大きな打撃を受けた。彼らの多くは長期債券に投資していたが、インフレによりその価値が大きく棄損したのである。このことは、安全な投資先としての長期債への信用をも損ねることとなった(Crotty (2019) p. 28)。

一九一九年一月から始まったパリ講和会議に、ケインズはイギリス派遣団の大蔵省首席代表として出席した。三五歳の若者に、大英帝国の金融に関する大きな決定権が委ねられていた。会議は各国が自国の利益を頑なに追求して譲らない醜いものであった。

イギリス国内でも、戦争による巨額の国家債務が増税によってまかなわれることをよしとしない実業界からは、強硬に賠償を望む声が強かった(Skidelsky (1983) 邦訳 p. 580)。

ケインズはドイツの賠償能力に関する調査を指揮しており、その調査結果が閣議に提出された。それによるとドイツの賠償支払い能力は、楽観的にみて三〇億ポンド、もっと慎重には二〇億ポンドだった(JMK, vol. 16, p. 344)。

ケインズの試算によると、普仏戦争で降伏した一八七一年のフランスの富は、一九一三年のドイツのそれの半分に少し足りないくらいだった。フランスが一八七一年にドイツに払った賠償金は、五〇億金フランだが、ポンド換算すると二億一二〇〇万ポンド相当だった。それを考えると、実質的負担として対応するのは五億ポンド程度であり、二〇億ポンドでも比較にならないほど厳しい請求額といえる(JMK, vol. 16, p. 383)。

普仏戦争の賠償金は当時としては相当過酷なもので、ドイツはこの賠償金によって金本位制に移行した。フランスは五〇億金フランという普仏戦争の賠償金を支払うため、国債を発行し、ロスチャイルド銀行がそれをヨーロッパ全域で売り出した。フランス国債の購入者の半分はドイツ人であったという(ヘルマン(2015) p. 191)。

ケインズの主張は、ドイツに対して請求する賠償は、ドイツの支払い能力を考慮したものでなければならないというものであった。それはドイツの生産力を破壊するようなものであってはならない。なぜなら、結局のところ、ドイツは輸出で獲得した外貨によってしか支払いができないからである(JMK, vol. 16, pp. 336-343)。

ケインズの提案は、ドイツの支払い能力が大きく制限されていることを認識していたため、ドイツに課すべき負担を戦闘で直接受けた被害に限定しようとするものであった。被害は圧倒的に西部戦線に沿っていたため、この提案ではフランスが賠償のうまい汁を吸い、イギリス自治領のオーストラリアはほとんど何も得られないことになる。オーストラリア首相のビリー・ヒューズは猛抗議し、ロイド・ジョージに間接的な経費も査定するよう要求した(Clarke(1996)邦訳 p. 97)。

一九一八年一一月二六日、帝国戦争内閣は、ドイツの支払い能力を試算するための委員会を設立した。委員長のヒューズは最終報告書で戦争の総費用を二四〇億ポンドとした(JMK, vol. 16, p. 337)。

他の試算としては、アメリカのダレスは五〇億~六〇億ポンドを主張した。イギリスのイングランド銀行総裁カンリフは、当初は二五〇億ポンドを主張していたが、最終的にはアメリカが同意するという条件付きで八〇億ポンドという数字を出した(Skidelsky (1983) 邦訳 p. 593)。

一九一九年一月、敵国の支払うべき額や支払い能力に関して調査する賠償委員会が設立された。イギリス側の委員はヒューズ、カンリフ、裁判官のサムナーであり、ケインズはそのメンバーに指名されなかった(Harrod (1951) 邦訳 p. 270)。メンバーはドイツに対して強硬な立場をとり、ケインズはこの賠償委員会を「抑圧と強奪の機関」と評している(JMK, vol. 2, p. 138)。

ケインズは一九一九年一一月二七日付のスマッツ将軍(南アフリカ連邦国防相)宛ての書簡で、われわれはアメリカ合衆国の孤立主義に直面しており、そのご機嫌取りをせざるを得ない状況は不毛であること、すべてのことがアメリカに依存しており、アメリカの支持なしには何もできないことを苦しげに表明している(JMK, vol. 17, pp. 7-8)。これは当時のイギリスが置かれていた立場を如実に表しており、ケインズは生涯を通じて、対外交渉はアメリカの意向次第という この問題に悩まされることになる。

アメリカは、軍事的にも圧倒的な物量により第一次世界大戦の帰趨を決定づける役割を果たしただけでなく、金融的にもヨーロッパの連合国に巨額の貸付をしており、戦後の交渉において絶大な発言力があった。

休戦協定が調印された頃にはアメリカ国内でも歓迎のお祭り騒ぎがみられた。無併合・無賠償などを唱えたウィルソン大統領の言葉は「救世主の福音」として受け取られた。しかしパリ講和会議の頃には、理想主義は退潮し、偏狭なナショナリズムに取って代わられつつあった。アメリカ上院では、ウィルソンの一四カ条や国際連盟への反発が強まっていた。ウィルソンは「理想主義者の陥りがちな陥穽にはまった。理想の現実化に失敗したので、彼は現実のほうを歪曲した。彼は自分にも他人にも、世界をあるがままではなくて、そうあって欲しいものとして描いてみせた」(Allen (1931) 邦訳 p. 28)。反ウィルソンの筆頭であったヘンリー・カボット・ロッジは、連盟規約の一〇条および一一条が、他の権力にアメリカの軍隊や船舶を世界のいかなる場所にも呼び出せる権利を与えるものだと批判した(Allen (1931) 邦訳 p. 32)。アメリカ国内では、ヨーロッパの面倒ごとにこれ以上巻き込まれるのは御免だという機運が渦巻いていた。ウィルソンが病に倒れるなか、アメリカ上院はヴェルサイユ条約の批准を拒否した。

『平和の経済的帰結』

一九一九年六月、ケインズはヴェルサイユ条約の締結を待たずに大蔵省を辞職し(JMK, vol. 16, p. 469)、講和会議を痛烈に批判する『平和の経済的帰結』を夏の間に一気に書き上げた。

同書は一九一九年一二月に刊行されたが、その第一刷はわずか四八時間で売り切れた。刊行から二カ月で、イギリスとアメリカだけで六万部が売れたという。その後、ドイツ語、フランス語、オランダ語、フラマン語、デンマーク語、スウェーデン語、スペイン語、ルーマニア語、ロシア語、日本語、中国語に翻訳され、世界的なベストセラーとなった(JMK, vol. 17, p. 15)。またケインズは同書を、個人的に親交のあったアスキス、ボナ・ロー、オースティン・チェンバレン、スマッツ将軍、ロバート・セシル、レジナルド・マッケナ、ウィンストン・チャーチル、その他大蔵省の元同僚やヨーロッパの銀行家たちに献本したが、ロイド・ジョージには献本しなかった(JMK, vol. 17, pp. 10, 14)。

アスキスやマッケナはケインズと家族ぐるみで親交があったが、アスキスの妻マーゴットは、一九一九年六月一三日にケインズに手紙を書き、パリ講和会議の様子を叙述して書き送ってほしいとリクエストしている。『平和の経済的帰結』第三章「会議」には、会議出席者の人物描写が数多く見られる(JMK, vol. 17, p. 4)。そのなかには物議をかもすものもあった。

同書では「四巨頭会議」にも触れられているが、これはパリ講和会議と並行して一九一九年初めからウィルソン、ロイド・ジョージ、クレマンソー、オルランドという米英仏伊四カ国の首脳により度々開催された会合で、ケインズも同席していた。主導権を握っていたのはフランスのクレマンソーで、彼は、ドイツ人は「名誉も矜持も慈悲心も備えておらず、ドイツ人とは決して交渉したり、これを慰撫しようとしたりしてはならず、ドイツ人には命令を下さなければならない」と考えていた(JMK, vol. 2, p. 20)。

ケインズによると、「本書における私の目的は、カルタゴの平和は、実際上の観点からみても、正しくもなければ、可能でもない、ということを示すことにある」(JMK, Vol. 2, p. 23)。「カルタゴの平和」とは、ポエニ戦争で勝利したローマが、敗北したカルタゴに巨額の賠償を課すとともにその交戦権を否定し、最終的に滅亡に追い込んだ歴史的事例を指す。ここでは、敗戦国ドイツの衰退を目指すような過酷な講和条件の押し付けを意味する。

フランスが目指していたものはまさにそれであり、「可能なかぎり、時計を逆戻りさせ、一八七〇年以来ドイツの進歩が達成してきたものを帳消しにしようというのが、フランスの政策だった」(JMK, vol. 2, p. 22)。

戦後処理のあり方として、候補にのぼったのは、ウィルソンの一四カ条とクレマンソーによるカルタゴの平和という二つの相反する計画だった(JMK, vol. 2, p. 35)。ケインズは、ドイツが無条件降伏したのではなく、一四カ条が講和の基礎となっていることを強調している。

一九一八年一〇月五日、ドイツ政府は一四カ条を受諾し平和交渉を要請する覚書を大統領に提出した(JMK, vol. 17, p. 54)。連合国が賠償請求権をもっていた損害の範疇については、一九一八年一月八日のウィルソン大統領の一四カ条の関係章句によって定められており、大統領はこの覚書の本文を一九一八年一一月五日、講和の基礎をなすものとしてドイツ政府に通達していた(JMK, vol. 2, p. 71)。それによると、「陸・海・空からのドイツの侵略によって連合国の民間人ならびにその財産に対して加えられたいっさいの損害に対して、ドイツから補償が行われる」こととなっていたが、二月一一日の大統領の議会演説では「いかなる損害賠償金の取立て」も「いかなる懲罰的賠償金の請求」も行ってはならないと付け加えられた。

一四カ条は、被侵略地域――ベルギー、フランス、ルーマニア、セルビア、モンテネグロ――における損害については規定していたが、海上での損失や空襲による損害については含んでいなかったため、それらの解釈をめぐって、様々なせめぎあいがみられた。

フランスは、一四カ条には拘束力がないと主張し、休戦合意が連合国にフリーハンドを与えたと主張した。イギリスとフランスの代表団は、ドイツは戦争に関わるすべての費用を支払うことができると主張し続けたが、アメリカはそれを擁護できない無節操な主張だとみなした(JMK, vol. 17, p. 93)。

アメリカは、当初は理想主義的観点からこの問題をみていたが、ヨーロッパ諸国の醜い争いに辟易し、次第に仲裁の意欲をなくしていった。「条約後のヨーロッパ」と題された同書第六章では、悲観的な見通しが述べられている。

平和条約は、ヨーロッパの経済的復興のための条項を何一つとして含んでいない――敗れた中央ヨーロッパの諸帝国を良き隣人とするための条項を何一つ含んでいないし、ヨーロッパの新興諸国家を安定させる条項も何一つ含んでいないし、ロシアを矯正するための条項も何一つ含んでいない。またそれは、連合国間の経済的結束を少しも促進するものではない(JMK, vol. 2, p. 143)。

ロイド・ジョージは、一九一八年一二月の総選挙にあたって、一一月二九日のニューキャッスルでの演説で「ドイツがフランスを打ち破ったとき、ドイツはフランスに支払いをさせた。それが、ドイツ自身の確立した原則だ」と述べ、カイゼルの絞首刑や巨額の賠償を約束していたが、そのようなことが可能だとは信じていなかった(JMK, vol. 2, pp. 87-88)。しかし世論に屈し、強硬な選挙向け綱領を発表してしまった。彼は「敵国がそれを信じて武器を捨てたわれわれの側の厳粛な約束と矛盾する要求を無力な敵国につきつけること」を誓ってしまっていた。ケインズは、「これほど後世の人々が大目にみる理由をもたない事件は、歴史上ほとんど存在しない」と酷評している(JMK, vol. 2, p. 91)。

ただしその後の一九二〇年の賠償会議ではロイド・ジョージは態度を軟化させており、七月のスパー会議での審議のためにロイド・ジョージが提案した賠償金の数字は、ケインズの試算と同じ二〇億ポンドであった(JMK, vol. 17, p. 154)。

ケインズは、「ドイツを一世代にわたって奴隷状態におとしいれ、何百万という人間の生活水準を低下させ、一国民全体から幸福を剝奪するような政策は、おぞましく、また憎むべきものである」として巨額の賠償を強く非難している(JMK, vol. 2, p. 142)。一部の人々はこれを正義の名において説いているが、ケインズは「諸国民は、宗教によっても、また天賦の道徳律によっても、敵国の子孫に対して、その親や支配者たちの悪事に報いることを許されてはいない」と説いた(JMK, vol. 2, p. 142)。この立場は後にアメリカの大衆月刊誌『エブリボディズ・マガジン』一九二〇年九月号でも繰り返し表明されている。一九一四年夏にドイツを統治していた人々が戦争を故意に誘発したのが事実であれば、もたらされた破壊の一部をドイツの負担で補償するのは正当である。他方、「過去のことを振り返るよりも将来に向かって考えること、一方のドイツの前為政者と他方のドイツの一般国民やまだ生まれていない子孫とを峻別することはわれわれの義務であるという(JMK, vol. 17, pp. 52-53)。

『平和の経済的帰結』最終章「救済策」では連合国間の債務の清算についての議論がある。連合国相互間の負債の総額は、相殺されないものと仮定すると、約四〇億ポンドである。アメリカは貸付のみであり、イギリスは借入額のほぼ二倍の貸付を行っている(JMK, vol. 2, pp. 172-173)。

「ドイツは連合国に巨額の債務を負い、連合国はイギリスに巨額の債務を負い、イギリスは合衆国に巨額の債務を負っている」というのが基本的構図である(JMK, vol. 2, pp. 177-178)。

連合国間の負債を相互に帳消しにするものとすると、アメリカが約二〇億ポンド、イギリスが約九億ポンドの債権を放棄することになり、フランスは約七億ポンド、イタリアは約八億ポンド得をする。しかもフランスやイタリアが提供した借款は大部分がロシア向けであり、回収困難なものであるため、もし負債が帳消しになるならこの二国は大いに得をすることになる。

ケインズは、参戦後のアメリカの金融上の援助がなかったとすると、軍事的なものを別としても、連合国は今回の戦争に勝利することはできなかったと述べている(JMK, vol. 2, pp. 173-174)。

アメリカの参戦後、イギリス大蔵省がアメリカ財務省から借り入れた金額は、イギリスが他の連合国に同一期間中に貸し付けた金額によってほぼ相殺されていた。したがって、アメリカに対するイギリスの負債は、ほぼ全額が、イギリス自身のためではなく、他の連合国への援助をイギリスに可能にさせるためのものだった(JMK, vol. 2, p. 175)。

ケインズが提案するような清算を行わないならば、この戦争は、敵国から賠償金を受け取る代わりに、連合国同士が相互に賠償金を支払いあうという耐え難い結果を残して終わったということになる。連合国相互間の負債の問題が、賠償問題に関するヨーロッパの連合国間の強烈な国民感情と密接に結びついているのはこのためである。そして「この感情は、ドイツが実際に支払いうるものについての何らかの妥当な計算に基づいているのではなく、ドイツが支払わない限り、これらの国々が陥るにちがいない耐えがたい財政金融状態についての十分根拠のある懸念に基づいている」(JMK, vol. 2, pp. 175-176)。

イギリスは一九一七年以降アメリカから約一〇億ポンドを借り入れ、それとほぼ同額をフランスとイタリアに貸したが、戦後フランスとイタリアは、対英債務の六分の五を支払い拒否してもよいことになった。イギリスの方は、自らの対米債務全額の支払いに同意した。イギリスはまた、ドイツが支払うはずの賠償金の半分以上をフランスが受け取ることを許し、自らは四分の一以下の受け取りでよしとした(JMK, vol. 18, p. 348)。

『平和の経済的帰結』を執筆した段階では、ケインズにはまだ経済学者として特筆すべき業績はなかった。処女作『インドの通貨と金融』には光るものがあったが、経済学の面でケインズが本格的に才能を開花させていくのは一九二〇年代以降である。にもかかわらず、この『平和の経済的帰結』は多くの人に感銘を与え、非常に高い評価を受けている。

ハロッドは「英語で書かれた最もすぐれた論駁の書のひとつ」と呼び(Harrod (1951) 邦訳 pp. 291-292)、スキデルスキーは、この本は「ケインズの書いた本のうちで最良の書物とみなされてよい」と評した(Skidelsky (1983) 邦訳 p. 626)。日本では森嶋通夫が価値自由論の立場からこの本をケインズの「最高級の業績」と評価している(森嶋(1994) pp. 213-219)。

同書は大きな反響を呼んだが、好意的なものばかりではなく、「敵国」ドイツを贔屓して、連合国を非難するケインズの主張には、内外から厳しい批判も寄せられた。同書を単なるドイツ支持の宣伝活動にすぎないと評する者、イギリス政府やフランス政府の名誉に対して悪意に満ちた攻撃を加えて政府の信任を損ねたとして糾弾する者、など批判的な声も少なくなかった(JMK, vol. 17, p. 17)。フランスは言うまでもなく、ケインズがウィルソン大統領を酷評したことは、アメリカでも反発を招いた。

なお、続編にあたる『条約の改正』(一九二二年)では、ケインズは同書について、「アメリカの著者たちのほとんどは、私の結論を受け入れており、フランスの著者たちのほとんどは、私の結論を無視している」と書いた(JMK, vol. 3, p. 93)。ただ、実際には連合国間の戦争債務を帳消しにすべきというケインズの提案は、アメリカによって、にべもなく拒否されている。

パリ講和会議のアメリカ代表団の金融専門法律顧問ジョン・フォスター・ダレスは、ドイツの賠償額を二〇億ポンドとするというケインズの提案に対し、その間に生じた物価変動を考慮していないと批判した。これに対し、ケインズは自分の推定は金建てであり、物価変動とは無関係であると反論している(JMK, vol. 17, pp. 25-28)。

オースティン・チェンバレンは、一九一九年一二月二二日付の書簡で、ケインズに共感を示しつつも、「最近まで公職に就いていた人間からのあのような批評がわが国の国際関係を容易ならざる状況に追いやる」ことを危惧している(JMK, vol. 17, p. 10)。

実際、一九二〇年三月、ケインズは英国学士院の経済学部門の評議員に推薦されていたが、同年七月、ケインズの指名は同学士院総会において否決された。これはきわめて異例のことであったが、このタイミングでケインズを選任することは、フランス人の感情を逆なでするという懸念があったことが理由とされている。このことについてケインズは、選任が「学問や学術面での卓越性によってのみ決定されるのでなければ、英国学士院は有害で望ましくない団体、また同時に偽善的な団体に成り下がって」しまうと書いている。ピグーも戦時中の反戦論を理由に学士院から排除されていたが、一九二七年に評議員に選任され、ケインズも一九二九年に選任された(JMK, vol. 17, pp. 164–167)。

大蔵省を辞してケンブリッジに戻ったケインズは、教育面では週に一回、「平和条約の経済的側面」に関する講義を行い、一九一九年一一月、キングズ・カレッジの次席会計責任者(the Second Bursarship)の役職を引き受けた(JMK, vol. 17, p 127)。研究面では、かつてキングズ・カレッジに提出したフェロー資格申請論文をもとに、『確率論』の執筆作業を進めた(JMK, vol. 17, p. 113)。この時期には、一九一九年『平和の経済的帰結』、一九二一年『確率論』、一九二二年『条約の改正』、一九二三年『貨幣改革論』と毎年のように本を出版している。またこの頃、ケンブリッジ・ハンドブック・シリーズの企画として『貨幣』に関する教科書の執筆も依頼されたが、ケインズは多忙を理由に断り、代役として教え子のデニス・ロバートソンが指名された。なお、このシリーズの序文はケインズが書いており、ここではマーシャルとピグーの思想に影響を受けた「経済学のケンブリッジ学派」という表現を用いている。

ケインズは『エブリボディズ・マガジン』一九二〇年九月号に「ヴェルサイユの平和」という論文を発表した。そこではドイツの負担する債務が、複利の力で雪だるま式に増加していくことを指摘している。そのうえ、賠償委員会は利率を変更したり、元本債務の支払いを延期したり、その支払いを帳消しにする裁量権を付与されていた(JMK, vol. 17, pp. 70–71)。

重要な点は、ドイツが賠償支払いを行いうる「文字どおり唯一の方法は、ドイツがその輸入額以上に輸出額を大きくすること」である(JMK, vol. 17, p. 72)。つまり貿易黒字を稼ぐこと以外に賠償金を支払う原資は増えない(なお、厳密にいうならば、貿易赤字国であっても、十分な対外純資産があればそこからの黒字で経常収支が黒字になる可能性があるが、当時のドイツはそのような状況になかった)。

当時のドイツの主要な輸出品は、鉄鋼製品、機械類、石炭・コークスおよび練炭、毛織物、綿織物であり、これらで戦前ドイツの総輸出額の四〇%近くを占めていた。このうち、貿易黒字の増加に寄与しうるものは機械類、鉄鋼製品および石炭であるが、ドイツはポーランド、上シレジア、アルザス＝ロレーヌ地方を割譲させられることで、石炭、鉄鋼の生産能力も低下してしまい、輸出の増加など望むべくもなかった。そもそも、戦前においてすらドイツは慢性的に貿易赤字を続けており、一九〇九年から一三年までの平均で年間三億七〇〇〇万ドルの輸入超過を記録していたのである(JMK, vol. 17, pp. 72-74)。

一九二〇年七月のスパー協定では、債権国間での賠償金の配分が決定された。それによると、各国の取り分はフランス五二%、イギリス二二%、イタリア一〇%、ベルギー八%、等とされた(JMK, vol. 18, p. 337)。

ドイツに対する賠償額が最終的に確定したのは一九二一年のことで、一三二〇億金マルクと定められた。賠償金の支払いは金マルク建てであり、これはつまりドイツ通貨のライヒスマルク(紙幣マルク)ではなく(一金マルク当たりおよそ〇・三五八グラムの)金での支払いを求められたということである(ドイツは普仏戦争の賠償金を使ってライヒスマルク金貨を鋳造し、金本位制に移行していた)。自国通貨を減価させることによって負担を減らすことができないという意味では、外貨建て債務と同じである。減価が予想されるライヒスマルク建てであれば、返済に窮することはなかったであろうが、そのようなことを戦勝国側が認めるはずもなかった。

当時、イギリスで金本位制は停止状態にあったが、大まかなレートは一金マルク＝二〇ポンド程度であった。ただしポンドの価値もこの時期には大きく変動しており、例えば一九二一年八月二一日の『サンデー・タイムズ』紙に掲載された記事では、七ポンド＝一〇〇金マルクのレートで計算されている(JMK, vol. 17, p. 243)。

実際の賠償請求額一三二〇億金マルクに対して、ケインズが支払い可能と推定した二〇億ポンドは、およそ四〇〇億金マルクに相当する。なお、その後実際にドイツが支払った賠償額は一九一億金マルク程度といわれている(木村(2014) p. 206)。

他のより強硬な主張との比較で、ケインズの提案が相対的に寛大な案にみえるが、ケインズが現実的と考える賠償額であっても、戦争に責任を負うべき世代のドイツ人が返済に三〇年以上を要する重い負担であり、ドイツにとっては相当過酷な額であった。

『条約の改正』

大きな反響を呼んだ『平和の経済的帰結』から二年後、ケインズはその「続編」として、『条約の改正』を刊行した。この本では、前著からの二年間の状況の推移を追いつつ、なすべきことについて提案を行っている。

『平和の経済的帰結』以来、ケインズの主要な論点は以下の五点である。

（1）連合国が期待しているドイツへの請求額は支払い不可能なものであるということ。

（2）ヨーロッパの経済的連帯性はきわめて緊密であるため、このような請求額を強行しようとする試みはすべての人を破滅させるであろうということ。
（3）フランスとベルギーの損害額の計算には誇張があるということ。
（4）われわれの請求額のなかに恩給と諸手当とを含めることは信義に反するということ。
（5）ドイツに対するわれわれの正当な請求額は、ドイツの支払い能力の範囲内にとどめるべきだということ（JMK, vol. 3, p. 69）。

ヴェルサイユ条約の厳密な字句どおりの適用によってドイツが支払うべき総額の最善の見積り可能額は一一〇〇億金マルクで、そのうち恩給と諸手当が七四〇億金マルク、財産と非戦闘員に対する直接的損害が三〇〇億金マルク、ベルギーが借り入れた戦債が六〇億金マルクであった（JMK, vol. 3, p. 84）。

最大の論点は、恩給と諸手当を含めるかどうかであった。ケインズが同書で主張したことを一言でいうならば、条約を改正し、一三二〇億金マルクという賠償委員会の評価した請求額を三六〇億金マルクに置き換えよというものである。三六〇億金マルクという数字は、条約に基づく請求額から恩給と諸手当を差し引いた額である。この数字について、この額全部を取り立てることはわれわれの利益にならないが、おそらくドイツの理論的な支払い能力の範囲であると述べている（JMK, vol. 3, p. 119）。なお現実には、このケインズの試算ですらドイツにとっては厳しすぎる額であったことは先述の通りである。

ケインズが考える「公平で、思慮深く、かつ恒久的な解決策」には、イギリス、そしてできればアメリカがヨーロッパ諸国に対してもっている債権を帳消しにし、ドイツの賠償の分け前に対する請求権を放棄することが含まれていた。これは一見するとそうは見えないかもしれないが、イギリスの利益になることであると述べている(JMK, vol. 3, p. 127)。実際にはアメリカはそのようなヨーロッパの戦勝国に都合のよい提案を一蹴し、債務の返済を強く求めた。

総じてケインズの主張は、フランスやアメリカに大きな負担を強いるものであったため、ケインズの「ドイツ贔屓」は数々の反発を招いた。ドイツに対して何の縁故もないケインズが、ここまでドイツを擁護するのは確かに一見、不可解にみえる。この謎を解く鍵は、学生時代に影響を受けたムーアの教えにある。ムーアは、全体は部分の和ではないという「合成の誤謬」を説いた。これを戦後賠償問題の文脈で言い換えると、各国が自国の目先の利益を追求(それは政治家の仕事かもしれないが)しても、よい結果につながるとは限らないということである。ケインズは、大英帝国の凋落、アメリカ合衆国の台頭を肌で感じ取っていた。ドイツを破滅させることは、ヨーロッパのさらなる没落を意味することをケインズは見抜いていたがゆえの提案である。

ライヒスマルクの減価

金融の専門家であるケインズは、賠償問題にまつわるいま一つの側面として、減価の進むドイツマルクの動向を注視していた。

一九二一年三月二四日にケインズが『マンチェスター・ガーディアン・コマーシャル』紙に寄稿した論説では、ドイツマルクについての見通しが述べられている。

ケインズは、「きわめて大幅に減価した通貨が、そのあとでもとの価値を取り戻した歴史上の事例は記憶にない」という(JMK, vol. 18, p. 3)。減価した貨幣の価値を回復させることがその国の利益になるとは限らず、旧貨幣を廃止する方がよい場合がある。後のイギリスの金本位制復帰をめぐる問題でも、ケインズは減価した通貨を旧平価に戻す努力はすべきでないという立場をとっているが、これについては次章で述べる。

特にドイツの場合、二種類の債権者、つまり金マルク建ての賠償請求権をもつ連合国に加えて、紙幣マルク建てのドイツ通貨を保有する外国人投機家がいることが問題になる。

「休戦このかた、個々のドイツ市民には、ドイツ国外へ自分たちの資産を退避させようとする強い誘因が働いていた――彼らの資本の少なくともある一部分を、変動と減価を続けるマルクの気まぐれな動きの及ばないところに保有しようという願望、そしてドイツの裁判管轄圏内のいかなる資産も同国政府が没収すべしと連合国が要求するのではないかという恐れ、さらには、将来の圧倒的課税負担を回避しようとする思惑」がマルクからの逃避を助長していた(JMK, vol. 18, p. 47)。そのマルク売りの受け皿となっていたのが外国人投機家であり、彼らは結果的に未曽有の損失を被ることになった。

ケインズは、紙幣マルクの恒久的な価値回復は期待できず、「もしも連合国が賠償請求に固執するのであれば、マルクは下落を続けて最終段階に到達するという可能性の方がずっと大きい」との見通しを表明している。そのとき、「単純でもっともわかりやすい方向は、マルクを何らかの新しい単位で完全におきかえることであるように思われる」(JMK, vol. 18, pp. 1–8)。

対ポンドでのマルク相場が現実にどのように推移したかを確認しておこう。平価は一ポンド＝二〇・四三マルクであったが、現実の価値はそれよりずっと低く、一九二一年には一ポンドは一二〇〜三六〇マルク程度で取引されていた。それが一一月になると一ポンド＝約一〇〇〇マルク、翌二二年八月には約五〇〇〇マルク、一〇月には約一万マルク、一一月には約三万マルク、一九二三年一月にフランスによるルール占領が行われると、一ポンド＝約一〇万マルクへと下落した。

一九二二年八月、ケインズは初めてドイツを訪問し、友人で銀行家のカール・メルヒオルに会うとともに、ハンブルクで講演を行った。ドイツでケインズは熱烈に歓迎され、講演のなかで支払猶予(モラトリアム)の必要性を説きつつ、現実的な返済計画を提示し、比較的明るい展望を語った。しかし同月、ドイツによる多額の現金支払いを受けて為替市場ではマルクが大暴落し、危機的状況を迎えた。この事態を受けてケインズは八月二六日付『マンチェスター・ガーディアン』紙に寄稿し、資金難に陥っているライヒスバンクが買い支えに動かなかったことが下落の一因であると指摘した。八月二八日付の『マンチェスター・ガーディアン』紙への記事では、ドイツの現状を報告している。

店先の値段は一時間ごとに変わっている。誰も自分の週給で、週末にはどのようなものが買えるのかわからない。……一方で、商店は、マルクを受け取ることを望まず、商店のうちのあるものは、とにかくどんな値段でも売ろうとしない(JMK, vol. 18, p. 29)。

ドイツ人はマルク紙幣の代わりにオランダやアメリカの紙幣を保有するようになった(JMK, vol. 18, pp. 56–57)。このような「価値尺度の恐るべき変動」に見舞われている状況では、まともな経済活動は期待できず、失業は不可避である。ケインズは、連合国による早急な行動、具体的には無条件の支払猶予の必要性を訴えたが、八月末、パリで開かれていた賠償委員会では、ドイツに対し年末まで無条件支払猶予を認めようというイギリスの動議は否決された(JMK, vol. 18, p. 30)。

同年秋にドイツ政府は金融の専門家グループをベルリンへ招き、マルクの安定化が可能かどうかの検討を依頼したが、そのメンバーにはケインズも含まれていた(JMK, vol. 18, p. 61)。ケインズは賠償委員会のイギリス代表サー・ジョン・ブラッドベリーと連絡をとりあい、支払猶予が不可欠であるという点で意見が一致していた。一一月七日に署名された多数意見報告書では、ドイツを金融的崩壊から救い、債権者を保護するためには即時的なマルクの安定化が必要であるとされた。そのための条件として、少なくとも二年間の支払猶予、国際的借款団からの援助、そして均衡予算という三つが挙げられた(JMK, vol. 18, pp. 62–63)。なお、この時点でのケインズは経済学者としては均衡財政を支持していた。

年が明けて一九二三年になると動きが起きた。賠償委員会は、ドイツが故意に石炭引き渡しを遅らせていると非難したが、この件でドイツの肩をもったのはイギリスだけであった。フランスの首相ポアンカレは賠償の不履行を理由にルール地方に出兵した。

ケインズは一九二二年九月の時点で「ラインラントの占領は終結されなければならない。ドイツの脇腹に突き立てられたこの刃は、ヨーロッパを傷つけ、フランスには何の利益ももたらさない」と述べていた(JMK, vol. 18, p. 36)。また一二月にも、「ラインラントは、五〇〇万のドイツ人住民を擁している。伝統の上でここ以上にドイツ的なところはない。これらの縁もゆかりもない土地をフランスの行政体系の中に組み込むことで、フランスは安全保障を強化できると考えるとは、なんたる狂気の沙汰であろうか」と占領の無意味さを指摘していた（JMK, vol. 18, p. 91）。

フランス軍とベルギー軍のルール出兵について、ケインズは断固認めないとし、「法的にも、道徳的にも、また打算的にみても誤っている」と主張した（JMK, vol. 18, p. 68）。一月一七日付の友人のメルヒオル宛ての手紙で次のように書いている。「フランスのやり方を、イギリスではほとんど誰もが怒りと嫌悪をもって眺めております。一番心配なことはドイツが手をあげはしないかということだ、という者が大勢いるのに貴下は驚かれるでしょう」（JMK, vol. 18, p. 119）。とはいえ、実際にはイギリスの立場も一枚岩ではなく、フランスの行動に理解を示す者もいた。イギリス政府の閣僚のほとんどは、占領は非合法という見解であったが、内閣の強力な人物たちがフランス贔屓であったため、積極的な措置はとられなかった（JMK, vol. 16, p. 127）。

また一月末、ケインズが役員を務めるナショナル相互生命保険会社への年次報告で「フランスがみずから［ヴェルサイユ］条約を反古にし、ヨーロッパの平和を乱す道を選んだ今となっては、何か相当な賠償がともかく支払われるということがありうるのかどうか、私は大いに疑わしく思います」と述べた（JMK, vol. 18, p. 121）。

ルール出兵に対して、ドイツはすべての支払いと石炭引き渡しを停止した。一九二二年一二月に一ポンド＝三万五〇〇〇マルク程度だったマルク相場は、一九二三年一月には一ポンド＝一一万マルクへと下落した（JMK, vol. 18, pp. 121–122）。マルクはドイツ国内でも受け取りを拒否されるようになり、ものの値段は外国通貨建てで表示されるようになった。一九二三年八月には税金までもが金ベースで定められた（Sayers（1976）邦訳（上）p. 246）。近年話題のMMT（Modern Monetary Theory）の考え方によると、納税の義務がその国の通貨に対する需要を創造するとされるが、ハイパーインフレーションのもとでは国家でさえ、自国通貨での納税を望まない状況が起こりうる。

結局のところ、ドイツのハイパーインフレーションはなぜ起こったのか。紙幣を刷りすぎたからだというイメージが強いが、それだけではない。まず、ドイツの背負った賠償は金マルク建てであり、ライヒスマルク紙幣をいくら刷ったところで返済の役には立たない。そして通貨をたくさん発行したとしても、その通貨を持ちたいと思う人々が大勢いる限りは、価値は必ずしも下落しない。例えば、過去数十年にわたり、米ドルはとてつもない量が発行されているが、ハイパーインフレーションは起きていない。逆に言うと、人々がその通貨を持ちたくないと思えば、価値は下落する。当時のライヒスマルクはドイツ人からすら信用されていなかった。人々はドイツの未来に絶望していた。問題は、通貨の発行量よりも、その通貨に対する信認の著しい低下である。

ライヒスマルクの紙幣発行総額は一九一八年末に二二〇億、一九一九年末に三六〇億、一九二〇年末に六九〇億、一九二一年末に一一四〇億となった。物価は一九一八年から二一年にかけて九倍に上昇した(JMK, vol. 18, p. 51)。さらに一九二三年六月上旬、ライヒスバンクの紙幣流通額は七兆五八七〇億マルクとなった。この時点での為替レートは一ポンド＝三五万マルクである(JMK, vol. 18, p. 163)。『貨幣改革論』の巻末の付録にはドイツマルクの金価値のデータが収録されている。

当時はドイツほど極端ではないにせよ、世界的に通貨価値が乱高下する不安定な状況が続いていた。ケインズは『貨幣改革論』で、各国の通貨事情について描写している。

「モスクワでは、ほんの短時間ならともかくとして、貨幣を少しでも手許に置きたくないという気持が異常なまでに高まっている。読者が食料品店でチーズを一ポンド買ったとする。店主は受け取ったルーブルを持ち、全速力で走って中央市場へ駆けつけ、ルーブルでチーズを買って在庫を充たす。そうしないと、中央市場にたどり着くまでにルーブルの価値が下がってしまいかねないからである」。ウィーンでは、「カフェーでビールを一杯注文するにも、慎重な人は初めから二杯目を注文しておく。多少なまぬるくなるかもしれないが、その間に値段が上がってしまうといけないからである」(JMK, vol. 4, p. 161)。

通貨価値が急速に下落する局面では、その通貨を保有することへの強い忌避がみられる。暴落するから持ちたくないか、誰も持ちたがらないから暴落するか、といういわばニワトリが先か卵が先か、という面はあるが、おそらく両方の相乗効果であると考えられる。

ケインズは、『ネーション・アンド・アシニーアム』誌で一九二三年六月時点でのドイツの状況を赤裸々に語っている。インフレーションによるマルク減価は、「日常生活では物々交換よりも貨幣を使用する方が便利なので、その便宜のためならばまだ税を払ってもよいと思っている大衆に日々政府が課す貨幣使用税である」(JMK, vol. 18, p. 162)。ドイツ国民はいま現金をマルクのかたちではごくわずかしか保有しないので、たとえマルクの大きな崩壊があっても、そのために個人の被る損害は想像されるほどにひどいものではないという。ドイツでは物価指数は、今や毎月ではなく毎週計算されており、総合物価指数は一九二三年一月＝二九九七、二月＝七〇四〇、三月＝六三七八、四月＝六五五四、五月一日＝七七九〇、五月八日＝八四二四、五月一五日＝九一五三、五月二二日＝一〇七七一、五月二九日＝一二一九五と、五月になってインフレが急伸している。ドイツでは今やほとんど誰もがドル為替を基準にしてものを考え計算していた(JMK, vol. 18, pp. 162–163)。

一九二三年一一月、銀行家のシャハト主導により新通貨レンテンマルクが導入された。ドイツの土地が担保となった。旧マルクとレンテンマルクの交換比率は一兆対一とされた。翌一二月、シャハトはライヒスバンク総裁に就任し、イングランド銀行総裁のノーマンに支援を求めた。この時期、イングランド銀行はかなり積極的にドイツを援助している。

ドーズ案とヤング案

一九二三年一二月、賠償委員会の主導で、ドイツの支払い能力を再調査することが決まり、二つの専門家委員会が任命された。一つはアメリカの元将軍チャールズ・ゲイツ・ドーズにちなんでドーズ委員会、いまひとつはイギリスのレジナルド・マッケナにちなんでマッケナ委員会として知られる。ここでアメリカが出てきた背景には、もしドイツが英仏への賠償金の支払いに窮すると、英仏の対米債務の支払いが滞ることへの懸念があった。結局、大本の債権者はアメリカであり、アメリカには自国の利益のためにこの問題に関与する動機があった。委員会ではフランス系の委員が反対したが、イギリスとアメリカの主張が通り、専門家委員会は一九二四年四月九日に報告書を提出し(JMK, vol. 18, pp. 234-235)、この報告書に基づくドーズ案は同年七月に始まるロンドン会議で採択された。

内容としては、賠償額の減額などはなされないが、一定の支払猶予が設けられ、年間の支払い額が減額されるというものであった。

報告書の内容について、ケインズは懐疑的ながらも、「尊敬に値する文書であり、新しい歴史のページを開くものである」と一定の評価を下している(JMK, vol. 18, p. 241)。

また一九二四年一〇月には『ネーション・アンド・アシニーアム』誌上でドーズ案について論評しており、これを受け入れることでフランスがルール地方を立ち退くかもしれないことをメリットとして挙げている。実際、フランス軍とベルギー軍はルール地方から撤退することとなった。他方、ドーズ案が賠償問題を解決するかという点については、ケインズは否定的であった。「それは、われわれに短い休息期間を与えてくれるものではあるが、それだけのことである」(JMK, vol. 18, p. 259)。問題は、ドイツの流動資本と流通資本が枯渇してしまっており、ドイツの経済的回復は望めないことである。「その目的はドイツ国民から汗の最後の一滴までしぼりとること」であり、「こういう状況においては、愛国的で気概あるドイツ人なら誰でも、この体制を混乱に陥れ終結させるために、できることは何でもする」だろう。そして「ドイツがすすんで支払いそうな、十分同国の能力内にある、ほどほどの額のものでなければ、ドイツからはついに何の賠償も取れないであろう」と予見していた(JMK, vol. 18, pp. 260–261)。恐るべき慧眼である。

だが、イギリス人にはケインズの主張を受け入れにくい背景があった。なぜなら、ドイツは「主として、必需品の輸出によって支払いを行わなければならないだろうが、これら必需品の製造において同国はわが国の競争相手」だからである(JMK, vol. 18, p. 262)。ここでも、ミクロ的な観点からすれば、商売敵を利するなど愚かな行為に見えるかもしれない。しかしそれでもドイツ、ひいてはヨーロッパを平穏かつ繁栄の状態に復帰させることは、イギリスのためになるというのがケインズの信念であった。

なお、ケインズは一九二三年一〇月に「ドイツはどれだけ支払ったか」と題する論説を書いており、それによると、休戦日からルール占領までに一〇億ポンド以上を支払っている。この数字は、フランスが普仏戦争後に二億ポンドを支払ったときにフランスが負った、一人当たり実質負担の二倍以上に相当するという(JMK, vol. 18, pp. 229-230)。

さて、八方塞がりとなったドイツは、どのようにして賠償金の支払いに必要な資金を手に入れたのだろうか。ドイツの貿易収支はほとんどの年で赤字であり、自力での返済は困難であった。賠償支払いの原資となったのは資本流入であった。それはドーズ案による長期資本流入のみならず、アメリカなどの投資家からの短期資本流入も重要な役割を果たしていた。

ケインズは一九二九年三月、ニューヨークの『イブニング・ワールド』紙でのアーヴィング・フィッシャーとの対談で次のように述べている。「ドーズ計画開始後経過した四年間において、ドイツは支払い期限のきた年賦金をすべて対外借入れによって支払ってきており、輸出余剰からはまったく支払っていません。実際のところ、ドイツは賠償として支払った額よりもはるかに多くを借り入れてきているのです。カネが複利で累積していくということだけを考えても、この借入れをいつまでも続けるわけにいかないことは今や明らかです」(JMK, vol. 18,

p. 314)。

つまり、ドイツの賠償金支払いを支えていたのは事実上、アメリカ人であった。当時アメリカではフロリダの土地バブルがはじけ、余剰資金が行き場を求めていた。それがドイツに流れ込んだのである。ドーズ公債のうち一億一〇〇〇万ドルは、モルガン商会が引き受け、ニューヨークで販売され、その一〇倍にも達する申し込みがあった(Kindleberger(1973) 邦訳 p. 19)。

ドイツへの資本流入のピークは一九二八年であり、その後はウォール街の株価急騰、そして大恐慌を境に急減した。株価が急騰する局面では、アメリカ人投資家にとってドイツ債券から得られる利回りよりも米国株のキャピタルゲインの方が魅力的であるため、ドイツから資金を引き揚げる誘因になった。

一九二八年九月、ドーズ委員会のメンバーであったアメリカの実業家オーエン・D・ヤングを議長とする新しい専門家委員会の設置が発表され、最初の会合が一九二九年二月に開かれた。これにはドイツ代表も参加し、ドイツ側はシャハトやメルヒオルが参加していた(JMK, vol. 18, p. 304)。

前述のスパー協定では賠償金の取り分はフランス五二%、イギリス二二%で決着したが、当初イギリスが主張していた取り分はフランス五に対してイギリス三であったため、イギリスが随分妥協していた。そこへヤングが提示してきた案は、フランスの要求をのみつつドイツの負担を軽減させるため、イギリスの分け前を減額しようというものであった(JMK, vol. 18, p. 337)。これは当然ながらイギリスで大きな反発を呼んだ。さすがのケインズも「およそイギリス政府がそうした提案にいまのところ同意するなどはまったく問題外である」と述べている(JMK, vol. 18, p. 339)。

ヤング案では賠償金は総額三五八億金マルクに減額され、返済期間は五九年とされた。この三五八億金マルクという数字は、一〇年前にケインズが試算した二〇億ポンドという数字にほぼ合致するものであった。

賠償総額の削減を受けるにあたって、ドイツが支払った代償は二つある。一つは、年賦金の年数である。当初、ドイツは三七年を超える年賦金については、責任はないと主張していたが、この主張を取り下げ、ヤング案のもとではさらに長期間支払いを続けなければならなくなった。いまひとつは、支払い通貨についてである。ドーズ案のもとでは、ドイツはマルク建てで行った支払いを外国為替に換える責任はなかったが、ヤング案では年賦金の一部(年一億六五〇〇万ドル相当)は外貨で支払わなければならない(JMK, vol. 18, pp. 343-344)。

ケインズは、ヤング案が成功するとは期待しておらず、一九三〇年一月、「私は、ヤング案にもっとはっきりした不信感をおもいきって表明すべきであった」とイギリス代表付きの書記官マクファディアンに書き送っている(JMK, vol. 18, p. 346)。「私自身が予言するとすれば、マルク為替が現行平価から乖離できない限り、ヤング案はたとえ短期間であれ実行可能ということにはならないでしょう。一九三〇年に何らかの危機が訪れても決して不思議ではないと思います。というのは、はたしてドイツが、ロンドンであれ、ニューヨークであれ、思い切り多額の資金を借り入れることができるのかどうかを大いに疑うからです」(JMK, vol. 16, p. 347)。

（本書では詳しく立ち入ることができないが、トランスファー問題については、岩本(1999)第四章を参照されたい。）

ヤング案は一九二九年八月と一九三〇年一月にハーグで開催された賠償会議の場で議論され、採択された。しかし折悪しく、大恐慌のただ中でドイツ経済は急速に悪化しつつあった。

フーバー・モラトリアムも問題の解決にはつながらず、結局、一九三二年七月のローザンヌ会議でヤング案を終了させるという合意がなされた。ドイツの賠償支払い額は三〇億金マルクに減額されたが、翌年ドイツでナチス政権が成立すると、ドイツは賠償金の支払いを拒否した。

賠償問題から金本位制の問題へ

一九二三年七月、イギリスの対米債務の借り換えに関する取り決めが白書にて公表された。イギリスの対米債務の総額は四六億ドルで、一〇年間は三%、それ以後は三・五%の利子がつく。この負担を言い換えると、イギリスはアメリカに対して六〇年にわたって毎年、英国海軍の経費の三分の二に等しい額を支払うことになる(JMK, vol. 18, p. 194)。重要な点は、イギリスはこの債務を合衆国金貨(ドル正貨)または金地金のどちらで支払ってもよいという選択が認められていたことである。これは、金の価値が下がれば実質的な債務負担が減ることを意味する。「あらゆる根拠からみて、金の価値が下がるということは(金鉱山の株主を除けば)イギリスの利益になる」(JMK, vol. 18, p. 197)。

一方、ケインズはポンド価値を高めても、対米債務負担が軽くなるわけではないことを指摘している。確かに、金の商品価値が下落することによってポンドの金価値が上昇したのであれば、債務負担は減少するが、ポンドの商品価値増加(ポンド物価下落)によってポンドの金価値が増加しても、債務負担は減少しない(JMK, vol. 18, p. 197)。対米債務はポンドを基準として定められているわけではないため、ポンドの価値がどうなろうと債務負担とは無関係であるということである(JMK, vol. 18, pp. 198-199)。

このように、対米債務負担という視点はこの時期のイギリスにとってきわめて重要な問題であった。ここからケインズの関心は金本位制復帰問題へと向かうことになる。

教訓

第一次世界大戦でヨーロッパは大きな打撃を被り、ドイツは英仏などの戦勝国に対して巨額の賠償金を支払わねばならなくなったが、他方、英仏も戦争遂行のためアメリカに対して大きな債務を負っていた。アメリカが債務減免を拒否したため、ヨーロッパの戦勝国も容易ならざる状況に置かれていた。それだけに、なんとかドイツから賠償金を取り立てようと躍起になっていたが、支払うべき金をドイツはもちあわせていなかった。国土を荒廃され、復讐心を燃やすフランスにとって、目指すものはカルタゴの平和、すなわちドイツの衰退であって、ドイツが賠償金を支払えるよう復興を支援するなど思いもよらぬことであった。

世界全体というマクロの視点からみれば、戦後処理でアメリカがリーダーシップを発揮して、寛容で協力的な態度を取れば、問題は解決したかもしれない。しかし、ヨーロッパの問題にあまり深入りしたくないアメリカにとって、国際的なリーダーシップを発揮した経験もなければ、そうする動機もなかった。一国の利害というミクロ的観点からすれば、アメリカはいたって合理的に行動したと言えなくもない。

ここにも、ミクロ的な合理性の追求が全体としての調和をもたらさないという、「合成の誤謬」の論点がある。外交交渉にあたって、各国は自国の国益を最優先に追求する。これはミクロ的には正しいし、政治家はそうしなければ国民の支持を失うだろう。しかし、各国が頑なに自国の利益だけを追求するばかりではうまくいかないケースがあるということを、当時の世界は教訓として学んでいなかった。ケインズはまだマクロ経済学の立場にはたどり着いていなかったが、学生時代にムーアから「合成の誤謬」の考え方を学んでいた。アメリカにとっての誤算は、ヨーロッパに債務返済を要求しようにも、ヨーロッパには返済すべき金がないということであった。それを得るための手段は、産業を復興させ、対米輸出を増やすことであるが、当のアメリカが高関税を課すことでそれを邪魔していた。

『平和の経済的帰結』のなかで、ケインズはドイツが「世界の軍国主義の灰の中から不死鳥のように蘇って、新たなナポレオン的支配体制を打ち樹てる」可能性を示唆しているが(JMK, vol. 2, p. 184)、この懸念は現実のものとなった。自分たちがどれだけ頑張って働いても、この先待っているのは賠償金の支払いのみであるという絶望は、いま一度盤面をひっくり返そうという危険な賭けへとドイツを誘《いざな》った。

過酷な賠償請求がナチスの台頭を招いた教訓を受け、第二次世界大戦後には、敗戦国のドイツや日本に対して支払い不可能なほど巨額の賠償が課されることはなかった(とはいえ、一九四四年九月時点では、ローズベルトは戦後ドイツを農業国家につくり変えるというモーゲンソー・プランを了承しており、強い批判を受けて引っ込めたという経緯があった。Beevor (2012) 邦訳(下) p. 223)。

ケインズの慧眼は既にそれを見抜いていたが、彼の声が届くことはなかった。現代でも、何か重大な事故が起こった後で、その再発を防止するために対策が真剣に考えられることこそあれ、実際に事故が起こる前に対策が必要であるといくら訴えても、まともに相手にされることがないのは同様と言えるかもしれない。

対独問題でケインズが一貫して保持した立場は、無闇にドイツを追い詰めても何も得るものはない、というものであった。国内で支持率が下がってきた政治家が、対外的に強硬な主張をして支持率を高めようとする傾向があることは、今も昔も変わらない。ロイド・ジョージは愚かではなかったが、選挙においてその誘惑から逃れることができなかった。

ケインズは愛国者であり、基本的にはイギリスの国益を第一に考えていたが、目先の利益にとらわれて大局を見誤るようなことはなかった。ドイツに厳しい姿勢を取りすぎない方がイギリスの国益にもかなうという診断には、ケインズの冷静な洞察力と愛国心と正義感が一体となって現れている。しかしこの立場はなかなか理解を得られず、ケインズを売国奴、ドイツ贔屓とみる向きも少なくなかった。

ケインズのような立場に置かれた人間が、その地位を投げうち、非国民と呼ばれてもおかしくないこのような主張をするのは非常に勇気のいることだった。イギリス、ひいてはヨーロッパ全体の行く末を憂い、勇気をもって講和会議の欺瞞を告発した『平和の経済的帰結』は、師マーシャルの説く「冷静な頭脳と温かい心」をもってその正義を貫いた証しといえるのではないだろうか。

第三章

イギリスの金本位制復帰問題とケインズ

既に述べたように、ケインズの金融に関する関心はかなり早い時期から始まる。大学卒業後の進路として、当初は実現こそしなかったが大蔵省で働きたいと考えたのもそのあらわれである。著作ベースでみても、第一次大戦前に刊行された処女作『インドの通貨と金融』(一九一三年)の時点で既に金本位制の問題を詳細に検討し、「完全にして自動的な金本位制が欧州においていかに稀なものであるか」を示していた(JMK, vol. 1, p. 17)。またイギリスの制度は独特のものであり、インドのような他の環境には適さないこと(JMK, vol. 1, p. 11)、金本位制は国際金融におけるロンドンの特殊な地位と密接に関連しており、インドのような国では、金為替本位制が適していることを論じていた。

インド省退職後は、ケンブリッジ大学で主に貨幣・金融関係の講義を担当していたほか、大蔵省勤務時代もやはり金融のプロとしての目線から対独賠償問題に取り組んだ。

対独賠償問題に加えてケインズが新たに取りかかった大きな課題が、イギリスの金本位制復帰をめぐる問題である。本章で対象とする期間は、主に第一次世界大戦末期から一九二五年の金本位制復帰を経て再び離脱を余儀なくされる一九三一年までとする。

この問題をめぐる議論には、イングランド銀行や大蔵省の関係者だけでなく、ケインズ、

Ａ・Ｃ・ピグー、Ｒ・Ｇ・ホートレーといったイギリスを代表する経済学者も深く関与している。一九二〇年代のイギリスではデフレーションが景気回復の足枷となっていたが、このデフレは自然発生したものではなく、旧平価で金本位制に復帰するため、政策によって人為的につくりだされたものであった。国内の景気対策と、世界の金融センターとしてのロンドンの地位、いずれかを選ばなければならない状況に置かれていたなか、後者を選択した結果、金本位制への復帰が進められたのである。

ケインズの政策提言では、不況期の公共投資を説くいわゆる「ケインズ政策」が有名であるが、ケインズがこうした主張をするようになったのは一九二〇年代中頃からである。そして政策提言というレベルでいうならば、当時これは決して目新しい主張ではない。それに対して、一七一七年以来二〇〇年以上にわたって維持されてきた金一オンス＝三ポンド一七シリング一〇ペンス半という神聖不可侵な数字へのケインズの挑戦は、極めて大胆かつ前例のないものであった。

伊東(1962)や根井(2022)は、ケインズ経済学の特徴として、有効需要の原理だけでなく、国内産業重視の姿勢を強調している。このような姿勢は、本章でみるように、イギリスの金本位制復帰問題におけるケインズの立場にも如実にあらわれている。

一九一〇年代のケインズは、インフレよりもデフレを肯定し、国際金融センターとしてのロンドンの地位を重視し、均衡財政の立場をとっていたが、一九二〇年代にはこれらすべてを放棄した。その意味で、政策思想という観点からは、一九二〇年代はケインズが大きな前進を遂げた時期と評価することができる。

大戦末期の状況と戦後好況

一九一八年一月、イングランド銀行総裁カンリフを委員長として「戦後の通貨および外国為替に関する委員会」、通称カンリフ委員会が設置され、旧平価への復帰が満場一致で目標と定められた。復帰が可能か否か、可能だとすればいつ実施するかという問題は残されたが、イングランド銀行が一億五〇〇〇万ポンド以上の金準備を維持できるようになったときが金本位制復帰のタイミングであると考えられていた。デフレ政策を志向するこの勧告はその後の歴代内閣によって受け入れられ、戦後のイギリスの経済政策に大きな影響を及ぼすことになる。一九一八年八月に第一次中間報告書が、一九一九年一二月に最終報告書が議会に提出された。同報告書はケンブリッジ大学教授A・C・ピグーも署名し、LSE教授E・キャナンもこれを支持した。

イギリスでは一九一九年三月二九日に戦時大権にもとづく枢密院命令によって、金貨および金塊の輸出禁止が決定された。これを受けて、ポンドは四・五七ドルにまで下落した(以後、ポンドの相場は対米ドルで表記するものとする）。翌二〇年には金輸出禁止に関する法律が成立し、この措置は約五年間継続することになる（Sayers（1976）邦訳（上）pp. 161–162）。

当初、大蔵省は金利の引き上げには難色を示していた。第一次世界大戦による政府の財政赤字が巨額にのぼっており、金利の上昇による債務負担の増大を警戒したからである。しかし戦争により消耗した在庫を補充する急激なブームが起こり、それは激しいインフレを伴った。物価と賃金は急騰し、ポンドは一九一九年八月には四・一一ドルにまで下落した。

これを受けて一〇月、大蔵省は利上げに転じた。大蔵省証券の利率は三・五％から四・五％に引き上げられたが、公定歩合は五％にとどまっていた。一一月六日には大蔵省証券の利率は五・五％に引き上げられ、イングランド銀行も一一月に公定歩合を五％から六％に引き上げた。ポンドは下落を続け、一九二〇年二月には三・二〇ドルまで売られた。景気は過熱状態となった。コケインの後、イングランド銀行総裁に就任したばかりのモンタギュー・ノーマンは、一九二〇年四月一五日に公定歩合を七％に引き上げた。これは戦時の一九一四年を除き、一八七三年以来最高水準であった。この七％の公定歩合は翌年四月まで続いたが、これほど高率の公定歩合が一二カ月も維持されたことは前例がなかったという（Hawtrey（1938）邦訳 p. 130）。一九二〇年代にはイングランド銀行とニューヨーク連邦準備銀行は緊密な連携をとっており、翌月にはニューヨークでも利上げが実施された。

これをピークとして、戦後ブームは一九二〇年の夏には終焉を迎える。市場では在庫が過剰となり、物価は急落した。インフレーションはうまく抑制されたが、今度は急激なデフレーションという真逆の問題が生じた。イギリスの失業者は一九二〇年一二月から一九二一年六月までのあいだに一〇〇万人から二〇〇万人へと倍増した。石炭産業は一九二一年四〜六月のストライキで大打撃を受けた。綿織物では日本やインドが植民地市場に参入してきた。イギリスの石炭と綿製品の輸出はほぼゼロにまで低下した(Taylor(1965)邦訳 p. 131)。賃金はかつてない規模で引き下げられ、一九二一年一二月のイギリスの失業率は一七・七%を記録した(Clay(1957) p. 134)。

一九二〇年末の三・四〇ドルからポンド相場は堅調に転じ、公定歩合の引き下げも視野に入ってきた。一九二一年になると、大蔵省は、利払い費の節約および失業対策として、三月に大蔵省証券の利率を引き下げ、イングランド銀行は四月に一年ぶりに公定歩合を六・五%に引き下げた。その後、ロンドンの公定歩合は数度にわたって段階的に引き下げられ、一九二二年四月一三日には四%、六月一五日には三・五%、七月一三日には三%にまで低下した。これは一九二〇年代を通じて最低水準であった。為替は一九二二年には堅調に推移し、四・二〇ドルから四・四〇ドル、さらには旧平価に近い四・七〇ドルにまで上昇した。

ジェノア会議

一九二二年、国際連盟は金の問題を議論するため、ジェノアに金融の専門家を招いた。アメリカはこのジェノア会議への出席を拒否したが、他の主要金本位制国は参加し、イギリスのリーダーシップのもとで、ヨーロッパにおける金本位制の復活が主要テーマとなった。ここでは金為替本位制が議論され、大きな注目を浴びた。ケインズと、イギリス大蔵省金融調査部長のホートレーは、この会議において重要な役割を担った。ケインズは当時既に大蔵省を辞任しており、『マンチェスター・ガーディアン』紙の記者としてこの会議に参加した（Dostaler（2007）邦訳 p. 463）。ホートレーは会議の前にノーマンとも長時間議論したという（Clay（1957）p. 137）。

金本位制への復帰に際して、障害となるのは金不足という事態であった。戦前に比べて物価は高騰しており、旧平価で復帰すれば当然、金は不足することになる。そこで、ホートレーは金を貨幣目的に使用するのを節約するため金為替本位制を提唱した（Hawtrey（1922）pp. 293-294）。ここで金の代用物として想定されているのはポンド残高であり、各国がポンド残高を保有することはイギリスの国益にもかなうものであった。

この会議は、各国通貨当局が準備として金の代わりに外国為替を保有する政策を採用するよう勧告した。多くの中央銀行は既にロンドンに対する債権のかたちで準備を保有していたが、勧告はこの慣行を制度化しようとするものであった（Kindleberger（1973）邦訳 p. 41）。

金本位制復帰にむけての動きとケインズ

一九二三年五～一〇月にはポンド相場は四・五五～四・五九ドル程度で安定的に推移した。ノーマン総裁は一九二三年五月の時点で、同年中にポンド相場が四・五〇ドルかそれ以上の水準で堅調に推移するならば、一九二五年の金本位制復帰を目指して一九二四年中にその準備を行うことも現実味があると考えていた(Sayers (1976) 邦訳(上) p. 189)。ただし実際には、一九二三年一〇月に行われた労働大臣バーロウの演説が市場の動揺とポンドの軟化を招き、ポンドはノーマンの条件を割り込むほど急落してしまった(Sayers (1976) 邦訳(上) p. 181)。

戦間期の金融政策をめぐる重要な論点は、国内の物価安定と外国為替の安定とのあいだにトレードオフの関係があるという点である。金本位制が機能していた時代にはこのような問題は存在せず、これは大戦によりほとんどの国で金本位制が機能不全に陥っていたこの時代にはじめて浮上してきた問題であるといえる。どちらが優先されるべきかをめぐっては、指導的な経済学者のあいだでも意見が分かれた。ピグーはイギリスのような金融大国にとっては為替安定の方が重要な問題であると考えたが、ケインズは外国為替よりもデフレで国内景気が悪化する弊害の方を重くみた。

一九二三年七月五日、不況のさなかイングランド銀行は公定歩合を三%から四%へと引き上げた。当時、物価が下落し、失業率も高いなか、デフレを加速させるような金融引き締めが行われた理由は、金本位制への復帰のためであった。同月のイギリス産業連盟の覚書では、金本位制への復帰よりも物価の安定(下落阻止)の方がより緊急な課題であると強調されたという(Sayers(1976) 邦訳(上) p. 182)。

一九二二年頃まで賠償問題に没頭していたケインズは次第に国内の金融問題へと関心を移し、この利上げを受けて一九二三年七月一四日、『ネーション・アンド・アシニーアム』誌にデフレ政策を批判する論陣を張った。

イングランド銀行の政策はカンリフ委員会報告書の影響下にあるが、「この文書は休戦の数カ月前に書かれたものであって、必然的に戦後の異常な事態の知識をまったく欠いており、物価と雇用の安定については一言の言及も含んでいない」という(JMK, vol. 19, p. 101)。ドル建ての物価が下落しつつある状況に鑑みれば、イギリスの物価安定のためには対ドル為替相場は下がるべきであった。

ケインズは、為替相場の変動の一因として、ロンドン・ニューヨーク間の金利差を指摘する。為替相場が狭いレンジ内で固定されているときは、金利差は短期的な資金移動を左右するうえで大きな重要性をもつ。戦前の公定歩合理論はこの事実に立脚していた。しかし、為替相場が下がれば下がるほど、その影響力は小さくなる。

公定歩合の引き上げが為替相場に及ぼす効果は二つある。一つは、イングランド銀行が対ドル相場の引き上げをコミットすることによって、ポンド売りの短期投資家を手仕舞いするよう導く一時的な効果で、いま一つは信用の引き締めとポンド建て物価の下落という永続的効果である。

現在の状況の下では、――現状は通貨が不換であるという点で戦前の状況と決定的にちがうのであるが――われわれが信用の引き締めをもたらし、ポンド建て価格の上昇傾向を押しとどめ、またはその下落傾向を引き起こすことを積極的に望むのでないかぎり、公定歩合を引き上げることが正しいはずがない。そういうことが望まれていたわけではない。公定歩合引き上げの前日に首相と蔵相は正しくもその反対の公約をしていた。イングランド銀行は視野狭隘で時代遅れの学説の影響の下で、大きな間違いを犯した（JMK, vol. 19, p. 103）。

このケインズの主張は大きな論争を引き起こし、批判も数多く寄せられた。その一つが、対米負債の負担を可能な限り軽減するため、ポンドの対ドル為替相場はできるだけ高くあるべきだという批判であった。また『マンチェスター・ガーディアン』紙は、もし低金利が経済の助けになるというのであれば、何故ケインズはさらに進んで一%の公定歩合を主張しないのか、と批判している。

『ネーション・アンド・アシニーアム』誌一九二三年七月二一日号でケインズは、インフレ主義者だという批判に反論している。物価上昇は経済に不健全な刺激を与え、物価下落は経済を不当に抑制する。一九二三年初頭のように物価が急激に上昇し続ける状況であれば、公定歩合の引き上げは完全に正しかったであろう。「物価安定政策は、恒久的低金利政策の正反対である。前回のブーム時には、筆者は、イングランド銀行が行動する何カ月も前から、非常な高金利を強く主張していた。しかし、失業がはなはだしく、企業が意欲をなくし、物価が低落傾向にあるときには、それは公定歩合を引き上げるべきときではない」(JMK, vol. 19, p. 104)。この引用文は、それ単独でみるならば至極当たり前のことを言っているにすぎないように思えるが、ケインズの主張は、あくまでもシティの事情よりも国内経済の景気を最優先する姿勢を示しており、当時こうした主張は決して主流ではなかったことに留意する必要がある。「失業が一般的な政治的重要性を持つ問題であるとすれば、これまでのように、公定歩合をシティの法王と枢機卿たちの秘密の私有財産であるとみなすことは不可能である」(JMK, vol. 19, p. 105)。

『貨幣改革論』

一九二三年一二月に刊行された『貨幣改革論』は、ケインズの貨幣三部作とされる理論的著作の第一作にあたるが、金本位制をめぐる政策的問題の議論にも大きなウエイトが置かれている。これは保守党政権のデフレ政策に対する批判の書でもあった。

事実上、金本位制はすでに未開社会の遺物と化している。われわれは皆、イングランド銀行総裁を始めとして、事業と物価と雇用の安定の維持に主たる関心を持つのであって、選択を強いられた場合、これらを犠牲にしてまで、かつての一オンスにつき三ポンド一七シリング一〇ペンス半でなければならないという古くさいドグマに従いそうもない(JMK, vol. 4, p. 138)。

私は、物価、信用および雇用の安定を最も重要なものと考え、旧式の金本位制は昔のような安定性を少しも与えるものではないと信ずるから、戦前のような形での金本位制復帰政策に対して反対するのである(JMK, vol. 4, p. 140)。

同書には後世の学説史家に好んで引用される章句が数多く登場するが、インフレとデフレの功罪についての議論もその一つである。ケインズの師であるマーシャルは、早い時期から「賃金遅れの現象」を指摘していた。インフレのときには財やサービスの価格が上昇するほどには名目賃金は上昇せず、いずれ上昇するにしてもタイムラグを伴うため、労働者の実質賃金は下落する傾向にある。逆に、デフレのときには財やサービスの価格が下落するほどには名目賃金は下落せず、いずれ下落するにしてもタイムラグを伴うため、労働者の実質賃金は上昇する傾向にある。ケインズも初期の講義ではこうした見解を踏襲していたが、『貨幣改革論』になると、ケインズはデフレ期には損失回避のため企業の生産制限が行われ、労働者の雇用にとっても企業にとってもマイナスとなる面を指摘するようになった。

かくて、インフレーションは不当であり、デフレーションは不得策である。ドイツのような極端なインフレーションを除けば、二つのうちでは、おそらくデフレーションのほうが悪い。なぜなら、貧困化した社会では、金利生活者を失望させるよりも、失業を生ずるほうが悪いからである。しかし、両方の悪を比較する必要はない。両方とも悪であり、忌避されるべきだとするほうが意見の同調を得やすいのである(JMK, vol. 4, p. 36)。

戦時中と比べ、ケインズの経済学的知見が大きく進歩していることがわかる。

ホートレーは金本位制復帰論者ではあったが、「管理」金本位制を主張している。彼はアメリカへの金輸出により、アメリカ経済を刺激することで、イギリスもデフレなしに旧平価への復帰が可能となるというシナリオを思い描いていたが、この願望はアメリカの金不胎化政策によって打ち砕かれることになった(Davis(1981)邦訳 pp. 236–239)。

金本位制のもとでは、各国の通貨発行量はその国が保有する金準備に依存する。もしアメリカに金が大量に集中するならば、アメリカでは通貨が大量発行され、インフレになるはずである。しかしそうなることを嫌ったFRB(連邦準備局)は、通貨発行量を金準備と切り離すことを決めた。これを金不胎化政策という。これは金本位制の理念からの逸脱である。

ケインズは、ホートレーのようなかたちで、アメリカと共同の「管理」金本位制を採用することが賢明な策であるかどうかを疑っていた。なぜなら、それはイギリスの金融政策がFRBの政策と意向にあまりにも依存することになるからである(JMK, vol. 4, pp. 139–140)。実際、アメリカは既に金不胎化政策を実行に移していた。FRBは金準備率を無視して金を受容しており、金準備の増加が物価を騰貴させることを許容していなかった。

その日以来、ただ口先だけで金本位制を維持していた最後の国で金の非貨幣化が行われたのであり、黄金の仔牛に代わってドル本位制が祭壇の上に安置されたのである。過去二年間、アメリカ合衆国は金本位制を維持するふうを装ってきた。だが、実際には、ドル本位制をとってきたのである(JMK, vol. 4, p. 155)。

D・H・ロバートソンはこれを「合衆国が意識的に金を、主人としてではなく、召使として取扱おうとしていた」と述べている(Robertson(1948) 邦訳 p. 81)。

そしてケインズは金本位制に固執することなく、管理通貨制度に移行するよう提案している。なお、実際にはケインズの見解は時期により変化している。大戦終了直後にはカンリフ委員会の主張を是認し、旧平価でのイギリスの金本位制復帰を否定していないが、戦後恐慌を受けて、金本位制復帰には平価切り下げが必要と考えるようになった。さらにその後、アメリカが金不胎化政策をとると、金本位制復帰それ自体に批判的となった。

一九二四年

一九二四年一月、ラムゼイ・マクドナルドが首相に就任し、労働党政府が成立した。労働党政府は資本課税を公約していたため資本が流出し、一月二一日にはポンドは四・二〇ドルまで下落した。二月一八日にマクドナルドがカンリフ委員会報告書の諸原則を尊重する旨を表明すると、ポンドの下落は停止した(Sayers(1976) 邦訳(上) p. 190)。カンリフ委員会の勧告は、一九一四年以前の平価での金本位制への最終的な復帰を含んでいた。

当時、公定歩合は四%で維持されていたが、ニューヨーク市場でのポンド相場は弱含みで、イギリスの失業者は一〇〇万人を超え、景気は停滞していた。このような状況ではポンド相場を引き上げるために公定歩合を上げることは政治的に困難であった。ニューヨーク連銀のストロング総裁は、イギリスの金本位制復帰を支援するため、一九二四年四月三〇日に公定歩合を四・五%から四%へと引き下げた。また六月一一日にはニューヨークの公定歩合は三・五%に、八月七日には三%にまで引き下げられた(Sayers(1976)邦訳(上)pp. 192-193)。それにより、資金がニューヨークからロンドンへ移動した。ポンド相場は七月末の四・四〇ドルから上昇し、一一月にボールドウィンの保守党政権が成立すると、年末には四・七二ドルにまで上昇した。このポンド高は、イギリスの金輸出禁止が一九二五年末までの時限立法によるものであり、やがて旧平価で兌換が再開されることをマーケットが織り込んだ結果であると考えられる。すなわち、これはファンダメンタルズの裏付けのない、投機的なポンド買いであった。ポンドの過大評価はイギリス製品の競争力を削ぎ、需要を沈滞させ失業を悪化させた(Eichengreen(1996)邦訳p. 80)。

またこの一九二四年の四月、王立経済学会の年次総会で貨幣改革についてのディスカッションが行われた。そこでケインズは、金が将来においても過去に与えてくれたのと同じ程度の安定性を与えてくれるとあてにできるだろうか、と問うている。その際、金価値を維持する費用を誰が負担するのか、将来の経費の分担をどうすべきかといった非常に難しい問題が浮上してくる。これに対しては、多数の中央銀行間での非常に広範囲に及ぶ協定が想定されるが、それが成功裏に推移するか否かについて、ケインズは懐疑的な見方をしている(JMK, vol. 19, pp. 207–212)。これは第一次世界大戦後の講和条件をめぐり、各国の剝き出しのエゴイズムを嫌というほど肌で体験してきたケインズの偽らざる感想であったであろう。

復帰前夜

為替相場は一九二五年二月から三月にかけて、四・七五〜四・八〇ドル程度で堅調に推移していた。同年三月、イングランド銀行は金本位制復帰のために公定歩合を引き上げた。この措置は議会でも問題視されなかった。総裁のノーマンは二月二日に、「金復帰の問題に関しては、商人や製造業者や労働者などのことも考慮すべきではあるが、戦艦の配置の問題と同様、彼らの意見を聞く必要はない」と述べている(Moggridge (1972) p. 271)。

イングランド銀行理事のチャールズ・アディスは、当初は熱烈に金本位制を支持していたが、ケインズに感化されて考えを変え、早期復帰をめざす政府の政策に批判的となった。彼は一九二五年一月八日の日記で「私はあまりに速く進むことには賛成できない。私は、一時は金本位制復帰論者の先頭に立ったこともあるが、今やその最後尾にいる」と書いている(Sayers(1976)邦訳(上)p. 188)。

ケインズは『ネーション・アンド・アシニーアム』誌一九二五年二月二一日号に「金への復帰」という論文を寄稿した。ここでもケインズは、イギリスの金融政策がアメリカの状況に過度に依存する体質になることに警鐘を鳴らしている。過去六カ月、ウォール街の投資ブームに加え、ドーズ賠償案によるヨーロッパ経済の回復期待、金本位制復帰を見越した投機的なポンド買いなど不安定要因が増加している。いずれFRBは景気の過熱を警戒すると、引き締めに転じるであろう。その際、イギリスは平価以下のドル建て為替に対して相対的にポンド物価を安定させるか、それとも為替の平価を維持するために過酷なデフレーションをとるか、という選択に直面する。もし金の自由輸出解禁の公表を早めれば、我々は後者の選択をすることになるという。そして、これは狂信徒の望むところであり、わが国の失業者数の現況からみて、賢明な策ではないと改めて拒否している(JMK, vol. 9, pp. 194-196)。

「景気と雇用の変動は現代社会の経済的病弊の最大のものであると同時にもっとも救済可能な性質のもの」であり、「それらはもっぱらわれわれの信用・銀行制度の病弊」であり、「通貨の管理権がわれわれの掌中に握られているならば、救済策をもっと容易に適用できる」というのがケインズの信念であった(JMK, vol. 9, p. 198)。

金本位制はシティとウォール街を堅く結合させ、事実上、物価水準と金利をアメリカと同じ水準にすることを意味する。ケインズはこの危険性を指摘する。アメリカは現在、非常に大きく絶え間ない上昇気流の中にいる。実際、一九二五年にはフロリダの不動産バブルはピークを迎えつつあった。ドル物価が頂点にあるときに、ポンド物価をドル物価にリンクさせると、アメリカの好況が破綻をきたした場合、イギリスは不況の影響を全面的に被ることになる。アメリカは今後何年かのうちに産業・金融上の大きな嵐に遭うかもしれないが、イギリスがその嵐に巻き込まれるとほとんど溺死しかねないという(JMK, vol. 9, pp. 198-200)。ケインズのこの懸念は四年後にウォール街の株価大暴落というかたちで現実のものとなるが、それについては次章で論じる。

一九二五年三月初めに公定歩合は五％へと引き上げられたが、失業率が一一％という状況でこのような高金利を課したことは、以前の慣行からの驚くべき乖離であったとホートレーは述べている(Hawtrey(1938) 邦訳 p. 131)。

旧平価での金本位制復帰

大蔵大臣のチャーチルは、金本位制復帰の問題を議論するため三月一七日に晩餐会を催し、様々な専門家を招いた。ニーマイアー(ケインズが受験した高等文官試験で一位をとった人物)やブラッドベリーは復帰に賛成であり、マッケナやケインズは反対であった。首相ボールドウィンの支持を受け、三月二〇日に旧平価、すなわち一ポンド＝四・八六ドルでの金本位制復帰が最終的に決定され、四月二八日に大蔵大臣声明が出された。イングランド銀行の金準備は一億五三〇〇万ポンドであった。

とはいえ、この金本位制復帰は厳密には旧来の金貨本位制と同じではなく、金地金本位制であった。すなわち、銀行券をイングランド銀行に持ち込んでも金貨と交換してもらえるわけではなく、交換は四〇〇トロイオンス（約一二・四キログラム）の金の延べ棒の単位で行われた。金一トロイオンスにつき三ポンド一七シリング一〇ペンス半という価格のもとでは、約一六〇〇ポンドということになる。金四〇〇トロイオンスは二〇二三年現在の日本円にして一億円以上になる。金を節約し、中央銀行に金を集中させるのが狙いであった。実際、一九二八年段階で世界の金の貨幣用ストックのほぼ九〇％——この割合は一九一三年には約六〇％であった——が各国の中央銀行および大蔵省に集中しており、残りが普通銀行と国民の手にあるという状況であった（Robertson (1948) 邦訳 p. 142）。金の流通を金貨ではなく延べ棒に限定するというアイデアは、ナポレオン戦争後にイギリスが金本位制に復帰するためにリカードが提案したものであった。

ケインズは一九二五年七月に『チャーチル氏の経済的帰結』と題するパンフレットを発表し、

旧平価ではポンドがその実力に照らして一〇％程度過大評価されていると述べた(JMK, vol. 9, p. 208)。また同年七月九日に商工業に関する委員会で「金本位復帰を決めた政府の決定は、そのこと自体がすべての人の賃金を一ポンドについて二シリング下げるという決定です」と証言している(JMK, vol. 19, p. 390)。

その批判の論拠は、ポンドの国際価値の「引き上げが国内価値と国際価値との間に存在していた不均衡を軽減するどころか大幅に拡大させ、そしてわれわれをデフレに陥らせることによって、国内産業への労働の移転を容易にしたかもしれない国内向け投資の拡大という積極策を、必然的に遅らせたという事実」であった(JMK, vol. 9, pp. 210–211)。これは金本位制そのものに対する反対論ではなく、旧平価での金本位制復帰に対する批判である。

ただし、金本位制復帰をめぐる評価については様々な議論がある。セイヤーズは、仮にケインズの主張に沿って一九二五年に一ポンド＝四・四〇ドルへと平価切り下げを行っていたとしても、どれほどの効果があったか懐疑的な見方を示している(Sayers(1970)邦訳 p. 60)。

なお、この論文の中でケインズは「ゲームのルール」という、その後、頻繁に用いられるようになった表現を初めて使用している。

イングランド銀行は、金本位制というゲームのあらゆるルールのために、信用の引き締めを強いられている。イングランド銀行はそれに従って、良心的に「健全に」行動している。しかしこのことは、信用引き締めの続行……がイギリスの現状では必然的に失業の増加を伴うという事実を、変更するものではない(JMK, vol. 9, p. 220)。

そしてイギリスに必要なものは、信用引き締めによって企業家を失望させることではなく、信用緩和策で企業の投資マインドを刺激することであった。

チャーチルの個人秘書のグリッグによると、晩年になってチャーチルは、金本位制への復帰を決定したことは生涯で最大の失敗だったと考えるようになったという(Boyle(1967) p. 190)。

旧平価での金本位制復帰により、世界の金融の中心としての地位を回復するという目標は、ある程度達成された。これまでもイングランド銀行は他国の中央銀行に対し、外貨準備の一部をポンドで保有するよう勧めてきたが、ポンドの安定後、この動きが加速した。ドイツの準備のうちポンドで保有される部分はますます増大したし、オランダは対外残高をニューヨークからロンドンに戻した。中央銀行の準備のうち外国為替の占める割合は、年々増加していった(Kindleberger(1973) 邦訳 pp. 23-24, Sayers(1976) 邦訳(上) pp. 287-288, 306)。

セイヤーズによると、一九二五年の決定には二つの意識された賭けという要素があった。一つはアメリカの物価上昇に対する期待、いま一つはイギリスの賃金がもう少し下がり得るだろうという期待であった。いずれか片方でもうまくいけば、再導入した一ポンド＝四・八六ドルという旧平価の持続可能性に希望がもてたという(Sayers(1976)邦訳(上)pp. 294-295)。

ところが実際には、イギリスの卸売物価は、金本位制に復帰した一九二五年四月から一九二九年一月までに一五％下がったのに対し、同じ期間に賃金は一・五％しか下がらなかった(Cogan(2011)邦訳p. 117)。

またドイツから賠償金を受け取った戦勝国は、アメリカに戦時の債務を返済し、これによりアメリカへ金や外貨が移動した。もし正貨の自動流出入メカニズム(国内の金が増加すると物価が上昇し、輸出が減って輸入が増えることにより増えた金が流出する。国内の金が減少すると物価が下落し、輸出が増えて輸入が減ることによって金が流入する)が機能するのであれば、理論的にはアメリカの物価は相対的に上昇するはずであるが、実際にはそうはならなかった。アメリカが金不胎化政策をとっていたからである。ケインズによると一九二五年七月時点でアメリカの物価上昇は起こっていないし、イングランド銀行の政策は、さもなければアメリカの物価を騰貴させる傾向をもっていたであろう低金利と金増加の圧力からニューヨークを救ってきたことになるという(JMK, vol. 9, p. 226)。

ケインズは一九二五年三月二一日の『ネーション・アンド・アシニーアム』誌で次のように述べている。

金本位問題というものは、それが自動的本位または自動制御本位対管理本位の問題であるかのように論じられる。しかし、これは正統派と改革派の真のちがいではない。真のちがいは方法ではなく目標のちがいである。現在の状況における金本位制の本質は、内在的価値を持つ商品と見なされる金自体とはほとんど関係がない。その主たる目標は、世界の大部分についての通貨の同一の基準を定め、それは各国の政策からは独立したものであるようにすることである(JMK, vol. 19, pp. 337-338)。

開放マクロ経済におけるトリレンマに即していえば、金本位制とは、自由な資本移動と為替レートの安定をとる代わりに金融政策の独立性を犠牲にする制度である。かつてイングランド銀行発行部は、一オンス当たり三ポンド一七シリング九ペンスの価格で金を買い取ることを義務付けられていた。逆に、銀行券の兌換請求があれば、三ポンド一七シリング一〇ペンス半でソブリン金貨を引き渡す義務を負っていた。したがって、金本位制のもとでは、各通貨は一定量の金の別名にすぎない。そして金融政策は中央当局の金準備によって大きく制約される。上述の一九二〇年代初頭におけるアメリカの金不胎化政策は、この金本位制のルールを反故にするものであり、当局が物価をコントロールしようというものであった。

金本位制とは、機械的なルールに基づいて自動調節が行われるシステムなどでは決してない。危ういバランスのもと、中央銀行の非常に繊細な裁量のもとで、はじめて維持可能になるものであった。経済学ではD・ヒューム以来、正貨の自動流出入メカニズムがよく知られているが、実際には理論上の自動調節メカニズムなど機能しないということを、金本位制復帰論者はその後、身をもって体験することになる。ケインズは早くからそのことを見通していた。

マクミラン委員会報告書のなかに、「金本位制が作用するために必要な諸条件」と題する興味深い記述がある。

> 国際金本位制の意図は安定——通貨相互間の安定と地域間およびある期間中の物価安定——という理想に資するにあるが、この理想の実現がひとりでに保証されるわけではない。国際金本位制〔に〕は……「ゲームのルール」があり、それが守られないならば、金本位制の作用は有益なというよりは、むしろ望ましくない結果をもたらすこととなろう。「ゲームのルール」が何を意味するかを正確に定義するのは困難である。国際金本位制の運用は一つの技術であって科学ではない（『マクミラン委員会報告書』邦訳 pp. 20–21）。

やがてノーマンも、一九二七～二八年頃にはイングランド銀行の責務が他国と協調しながら国際金本位制を適切に管理していくことにあると考えるようになった(Sayers(1976)邦訳(上)pp. 434-435)。ケインズはイングランド銀行を「国際的オーケストラの指揮者」にたとえている(JMK, vol. 6, p. 274)。

金本位制復帰後のイギリス経済

一九二五年以降、世界的に景気が回復しブームとなるが、イギリスはこの好況の恩恵をほとんど受けられず、一九二〇年代を通じて経済的低迷が続いた。平価切り下げを行ったうえで金本位制に復帰した他の諸国と異なり、イギリスは国際金融の盟主として旧平価での復帰に固執したため、はじめから大きなハンデを負っていた。ポンド安定後に物価と賃金を一段と圧縮しようとしたことに伴って石炭スト、一九二六年にはゼネストが生じた。石炭、鉄鋼、造船、繊維、住宅建設は不況で、失業はウェールズとマンチェスターと北東部に集中していた。他方、新興産業やロンドン、南東部はうまくいっており、自動車、化学、電気機器では雇用が増大していた(Kindleberger(1973)邦訳 p. 37)。

ケインズは一九二六年六月二六日の『ネーション・アンド・アシニーアム』誌で金本位制復帰から一年あまりの経験を振り返っている。この間、イギリスの卸売物価は一三%下がり、生計費は四%、賃金は一%下がった。同じ時期にアメリカの卸売物価は六%低下している(JMK, vol. 19, p. 553)。イギリスは一〇〇万人を超える失業者を抱えていた。輸出産業である炭鉱業は、そのコストの大部分が労賃であり、実質賃金の上昇によって苦境に陥っていた。ロンドンの国際金融上の地位は金本位制復帰により向上したが、当初から懸念されていたとおり、国内経済は深刻な代償を支払うこととなった。

一九二五年以降、イングランド銀行の政策は次の四つの大きな出来事に適応しなければならなかった。金本位制への復帰そのもの、一九二七年のアメリカにおける低金利政策の開始、株式市場のブーム、および一九二八〜二九年のフランス向け金流出、である(『マクミラン委員会報告書』邦訳 p. 61)。

フランスによる金の吸収

フランスの状況に目を転じると、一九一九年時点で、フランスの銀行券流通量は、戦前水準の六倍を上回っていた。金で表したフランの交換価値は、戦前価値の三分の二を若干下回る程度であった。フランスは圧倒的な輸入超過が続いていたが、戦後しばらくフランが価値を保てていた理由は、一九一〇年代末までフランスの輸入の大部分が支払われずに、イギリスやアメリカ政府からの借款によって賄われていたためである。しかし外国からの援助が打ち切られつつある現在、この状態を続けることは不可能であるとケインズは述べている(JMK, vol. 2, pp. 154-155)。戦時中に大規模な増税を行ったイギリスと異なり、フランスはほとんど増税をせずに銀行券の濫発を繰り返した。

その後、フランスはたびたび国際的な投機筋のフラン売りにあい、資本流出に悩まされた。フランは一九二六年に至るまで下落を続けた。第一次大戦終結後、一ドル＝五・四フランであった為替レートは、一九二六年七月には一ドル＝四九フランとなり、対ドルでフランの価値は九〇％も減価していた(Bernstein (2000) 邦訳 pp. 375-376)。対ポンドでは、第一次大戦後の一ポンド＝二五・二二フランから、ブリアン政権下の一九二六年春には一ポンド＝一四五〜一七〇フランに、さらに七月のエリオ政権下では二四三フランにまで下落した(Kindleberger (1973) 邦訳 p. 29)。フランスの世論はこれらをドイツの仕業とみなしていたが、実際には対仏報復といった政治的意図ではなく、単にフランの減価を予想する投機筋の経済的理由による行動であった。またこうした投機にはフランス人自身が活発に参加していたという(Einzig (1931) pp. 28-29)。

当時、フランス人はイングランド銀行のノーマン総裁に不信感を抱いていた。ノーマンはドイツ贔屓でフランスを敵視しているように思われた。ノーマンはフランス語を流暢に話せたが、フランス銀行から人が来た場合、フランス語を話したがらなかったし、フランス大蔵省の人間とはそもそも話をしようとさえしなかったという。ノーマンの掲げる金為替システムは、フランス側からは、ポンドを世界の基本通貨体制の中心として強化するためのイギリスのたくらみと映り、反発を浴びた（Sayers（1976）邦訳（上）pp. 259–260）。フランス銀行総裁モローはノーマンを帝国主義者とみなしていたし、ノーマンはモローを技術的な経済金融問題に政治問題を持ち込んだと非難していた（Kindleberger（1973）邦訳 p. 32）。

一九二六年七月、ポアンカレが首相に復帰し、大蔵大臣を兼任した。その直後からフランは強くなった。ポアンカレはフランを切り下げ、一九二六年秋には一ポンド＝一二四フランで固定された。

一九二六年後半以降、フランスは金融的に立ち直り、国際金融上のバランス・オブ・パワーが変化した。一九二七年までは英米という二つのアングロ・サクソン国家が国際金融機能を実質的に独占していたが、ここにフランスが割って入ることとなった（Einzig（1931）p. 31）。

英仏の金融上の緊張は高まり、その最初の衝突が一九二七年五月に起こった。この月、フランスはロンドンに保有していた大量の金をイギリスから引き揚げたのである。フランスが金本位制に復帰するのは一九二八年六月のことであり、当時フランスはまだ金本位制に復帰していない。そうした状況におけるフランスの金引き揚げは、ロンドン市場の自由を利用するアンフェアな行為であるとみなされた。イギリスのメディアや当局の強い抗議を受けて、この行為はまもなく停止された（Einzig（1931）p. 35）。

しかしフランスへの金の流入はその後も続き、これにより各国中央銀行は金準備を防衛するため、利上げを強いられることになった。ホートレーはフランスによる金の吸収が、諸国の金融引き締めを誘発し、不況の原因になったと考えた。「イングランド銀行もフランス銀行もともに金が不足するかぎり、いずれか一方が金を引き寄せる方策を講ずれば、他方の対抗策を呼びおこしたであろう」(Hawtrey (1938) 邦訳 p. 44)。

公定歩合の引き上げが外国為替ポジションを回復する過程を、ホートレーは三つの段階で考えている。第一に、外国資金が高い短期金利を求めて、一時的にロンドンに引き寄せられる。第二に、イギリスの産業活動が減退して、その結果生じる購買力の低下が財やサービスの輸入の減少を招く。第三に、デフレ過程が広く海外にみられるとき、イギリスと他国との金利差が金を引き寄せる。イングランド銀行の公定歩合引き上げの目的が達成されるのはこの最後の段階のみであるが、これは他の反作用を招き、不安定なものである(Hawtrey (1938) 邦訳 p. 45)。

各国の中央銀行および大蔵省の保有する金残高の推移をみると、この時期のイギリスは一億五〇〇〇万ポンド前後で推移したのに対し、フランスは一九二七年末に一億九六〇〇万ポンド、一九二八年末に二億五八〇〇万ポンド、一九二九年末に三億三六〇〇万ポンドと激増している。なお同時期のアメリカの保有量は八億ポンド程度であった(JMK, vol. 6, p. 265)。フランスの金準備は一九二六年から三一年のあいだに四倍に増えている(Coggan (2011) 邦訳 p. 119)。

アメリカのバブル

ニューヨーク連銀総裁ベンジャミン・ストロングは戦後の国際金融再建の立役者であったが、一九二八年秋に五一歳で早世していた。ケインズは『ネーション・アンド・アシニーアム』誌でその死を悼み、公開市場操作という手法をストロングの創案によるものと讃えている(JMK, vol. 10, p. 323)。

一九二七年七月、景気後退と世界的な商品価格の下落を受けて、ニューヨーク連銀は利下げを行った。これが一九二八年のアメリカ株式市場の高騰の原因としてどれほど重視されるべきかについては諸説あるが、ダウ・ジョーンズ工業平均株価は一九二四年末から一九二八年初頭にかけて二倍に上昇した。結局、株式市場の投機を抑制するために、ニューヨーク連銀は、一九二八年二月に三・五％から五％へ公定歩合を引き上げた。商務長官のハーバート・フーバーは、アメリカの株式市場の投機に警告を発していた(Kindleberger(1973) 邦訳 p. 48)。しかしクーリッジ大統領は一九二九年三月に至っても、アメリカの繁栄は全く健全であり、現在の株価は安いと明言していた(Kindleberger(1973) 邦訳 p. 88)。

カンリフ報告に明示されていたとおり、イングランド銀行の金準備は一億五〇〇〇万ポンド以上を維持することが基準となっていた。一九二九年一月時点での各国中央銀行の金準備残高は、連邦準備銀行が五億四一〇〇万ポンド、イングランド銀行が一億五四〇〇万ポンド、フランス銀行が二億六三〇〇万ポンド、ライヒスバンクが一億四三〇〇万ポンドであった(JMK, vol. 19, p. 779)。

一九二九年二月初め、イングランド銀行の金保有高はその水準を割り込んだ。これを受け、同行は二月七日に金準備防衛のため公定歩合を四・五%から五・五%へ引き上げた。マクミラン委員会でイングランド銀行副総裁サー・アーネスト・ハーベイは「二月七日に、われわれがほとんど二年間も維持してきた四・五%の公定歩合を引き上げざるをえなくなりました」と述べている(『マクミラン委員会証言録』一九三〇年七月二日、質問七五九七)。

この時期、ニューヨーク連銀総裁ハリソンは割引率の引き上げを勧告したが、FRBはこれを拒否している。一九二九年八月五日、ノーマンは米仏の態度が変わらなければ、イギリスを含むヨーロッパ諸国が金本位制離脱を余儀なくされる可能性に言及している(Clay(1957) p. 252)。その四日後の八月九日、ニューヨーク連銀は割引率を五%から六%へと引き上げ、ノーマンを驚かせた(Clay(1957) pp. 252-253)。株式市場はこの利上げを無視した。

九月二六日にはイギリスの公定歩合は五・五%から六・五%へと引き上げられた(Sayers(1976) 邦訳(上) pp. 312-316)。ハーベイの回想によると、

ニューヨークの株式投機は、もちろん、われわれ〔イングランド銀行〕が一九二八年の全部と

一九二九年の一部において対処しなければならなかった重要な要因でした。……イングランド銀行が、その時にとった行動、すなわち、わが国の市場を守るためには、公定歩合をどんなに高い水準まででも引き上げる用意があるということを、だれの目にも見えるようにしたということは、われわればかりでなく、他のすべてのヨーロッパ諸国にもあれほどの損害を与えていた、投機的ブームを挫折させるうえでの一つの寄与的要因であったと思います（『マクミラン委員会証言録』一九三〇年七月二日、質問七五九七）。

その後、一〇月にウォール街の株価が暴落すると、ニューヨーク連銀は一九二九年一一月一日に公定歩合を六％から五％へ、一一月一五日に四・五％へと引き下げた。一一月、フーバー大統領は減税を行い、企業に対して賃金を下げずに投資を維持するよう求めた（Kindleberger (1973) 邦訳 p. 112）。

ロンドンでは公定歩合は一〇月三一日に六・五％から六％へ、一一月二一日に五・五％へ、一二月一二日に五％へと引き下げられた。さらに一九三〇年二月六日には四・五％へ、三月六日には四％へ、三月二〇日には三・五％へ、そして五月一日には三％へと引き下げられた。この時期を通じてイングランド銀行の金準備は増加し、一九三〇年五月一日時点では一億六三〇〇万ポンドを保有していた（Sayers (1976) 邦訳（上）pp. 317, 320–322）。

『貨幣論』
一九三〇年一二月に刊行された『貨幣論』でケインズは、妥当な程度の国内的自主性の確保のための、ある程度の保護政策と妥協とを前提とすれば、「金をわれわれの国際的標準として持ち続けることには、大きなかつ明白な利益がある」ことを認めている。ただし、それは「われわれが、この金属を、各中央銀行から構成され、統治権をもつことになる一つの内閣の意思に完全にしたがうような、立憲的君主として維持しうることを、前提として」であった。そして「金の価値それ自体を、ある種の超国家的制度の媒介によって管理する方法」を模索している(JMK, vol. 6, p. 348)。

国際的金本位は、各中央銀行が、モンタギュー・ノーマン氏の指導の下においてイングランド銀行が示したような(いくつかの事柄では、どれほどそれが誤りを犯してきたにもせよ)、公共の精神に基づく方策を発展させ、そして、それを実行するのでなければ、長期にわたって持続することは決してできない(JMK, vol. 6, p. 349)。

『貨幣論』第三七章では一九三〇年の景気沈滞の問題が論じられている。そして処方箋として、イングランド銀行とFRBが協調して短期利子率を非常に低い水準に維持し、中央銀行貨幣の膨張によるか、あるいは短期証券の売却によって、長期証券を買い上げることを提唱している(JMK, vol. 6, pp. 346–347)。ただし、こうした低金利政策も、特定の国だけが単独で実施しても、より金利の高い国に資金が流出する結果に終わってしまい、あまり大きな効果は見込めない。十分な効果をあげるためには、中央銀行間の連携が不可避であった。

金本位制の終焉

一九三一年五月一一日、オーストリア政府によりクレジット・アンシュタルトの危機が表明されると、これが恐慌の引き金となった。同行はオーストリア最大の商業銀行で、オーストリアの預金総額の半分以上を保有していた。また、ベルギー、オランダ、スウェーデン、スイスといった小国の商業銀行は、在独資産を凍結されて流動性を失い、金準備を増やすためにポンドを売却した(Kindleberger (1973) 邦訳 pp. 134–135)。イギリスは金の急激な流出とポンド残高の引き揚げにあい、最終的に、一九三一年七月一九日、金兌換停止に追い込まれた。ポンドは暴落し、一ポンド＝四・八六ドルの旧平価に対して、一二月には一ポンド＝三・二五ドルまで下落していた。また、イギリスが金兌換を停止すると、他の多くの国がこれに追随した(Bernstein (2000) 邦訳 p. 397)。一九三一年九月中旬の時点で、フランスの金準備は五億ポンド近くあったのに対し、イギリスのそれは一億三〇〇〇万ポンドにすぎなかった(Einzig (1931) p. 122)。ポンド危機の時点で、イギリスの物価は金本位制に復帰した一九二五年に比べて三八%も下落していた。

これによりイギリスの金本位制は終焉を迎えるが、ポンドの下落により、イギリスの景気は回復に向かい始める。また、金準備防衛のための引き締め政策という足枷から逃れられたことで、デフレ政策をとらなくてもよくなったことは大きなプラス材料であった。

一九三一年九月二七日の『サンデー・エクスプレス』にケインズは「世界の将来」と題する論説を発表した。そして「自分たちをしばっていた黄金の枷がはずされて喜ばないようなイギリス人は、ほとんどいない。われわれは、ついに分別のあることを行いうる自由裁量を手にするようになったと感じている」と述べている(JMK, vol. 9, p. 245)。金本位制停止は「世界の金融史に新たな一章を開くもの」と考えられた(JMK, vol. 9, p. 249)。

金本位制をとる国は一九三一年には四七カ国存在していたが、次々と数を減らし、一九三三年にはアメリカが金の海外輸出を禁止し、一九三六年、金本位制は歴史的使命を終えた。

現代的意義

さて、イギリスの金本位制復帰問題をめぐるケインズの議論を、現代の視点から振り返ると、どのような意義があるだろうか。

鍵となるのは国内景気と為替レートのトレードオフだが、現在、この関係は「開放経済における政策トリレンマ」として知られている。マクロ経済政策に携わる当局が望むものとして、(1)自由な国際資本移動、(2)為替レートの安定、(3)金融政策の独立性の三つがある。そのうち任意の二つまでは達成できるが、すべてを実現することは不可能であり、必ずどれか一つは諦めなければならない。どれを諦めるかは選ぶことができ、ケインズが批判した旧平価での金本位制復帰は、(3)を捨てて(1)と(2)をとる選択であり、ケインズが主張した国内景気優先策は、(2)を捨てて(1)と(3)をとる選択である。

金本位制をとる国は、中央銀行の金準備を維持することが最優先となるため、たとえ国内経済が不況であっても金準備防衛のため利上げをせざるを得ないことがある。一九二〇年代のイギリスがまさにその状況であった。

現代のユーロも、加盟国が金融政策の独立性を失うという点において、本質的には金本位制と同じ欠陥を抱えている。現在、多くの経済学者はユーロを深刻な欠陥のある体制であると考えている(例えば、Stiglitz(1996)を参照)が、その根拠を理路整然と説いた人物こそ、ケインズであった。

第四章
大恐慌とケインズ

本章では、大恐慌前後のケインズの動向について検討する。

ケインズは一九二〇年代後半にアメリカで投機熱が高まっていることを認識し、その動向を注視していた。個人としても株式などに投資していたほか、カレッジや保険会社など所属機関の資産運用担当としても責任ある立場にいた。

前章で論じた金本位制復帰問題も、イギリスが事実上のドル経済圏に組み込まれることで、アメリカにおける投機の熱狂の余波を受けることを懸念していたという側面があった。

この時期のケインズは、経済理論家としては『貨幣論』執筆の佳境に入っていた。マクミラン委員会の仕事もあり、対独賠償問題や金本位制復帰問題を議論していた頃と比べると、メディアへの露出は多くない。

『貨幣論』を書き終えたのは一九二九年七月であったが、そこからの校訂作業に多大な労力がかかり、大幅な加筆修正をほどこして最終的に完成したのは一九三〇年九月のことであった（出版は同年一二月）。現代であれば、理論書と時論を扱った書はたいてい棲み分けがはかられているが、この時代の経済学の書物には、理論的考察だけでなく、時事問題への論及がみられることが多い。『貨幣論』も例外ではない。『貨幣論』は、ケインズの著作のなかでは純学術的性質の強い本といえるが、それでも時論的記述は随所に見られ、例えば第三〇章「歴史的例証」ではウォール街の株価大暴落について所感を述べている。

大恐慌をめぐるケインズの反応について、留意すべき点がある。それは、当時のケインズがまだ『一般理論』のアイデアにたどり着いていないという点である。処方箋は、あくまでも『貨幣論』段階の議論をベースとしたものであった。ケインズがいつの時点で『貨幣論』の投資・貯蓄アプローチから脱却し、新しい理論の着想にたどり着いたかについては、既に優れた『一般理論』形成史研究がたくさんあるので、そちらに譲りたい（浅野（1987）、小島（1997）、岡田（1997）、平井（2003）など）。

重要な点は、ケインズの大恐慌に対する処方箋が、基本的には金利を下げるべき、という金融政策を中心としたものであったということである。確かにケインズも、大恐慌以前の時点でロイド・ジョージの選挙公約を支持して公債発行による公共事業を提唱していたが、その理論的根拠はそれほど堅固なものではなかった。

不況期に政府がとるべき政策として、第一に金融政策を考えるという点は、『貨幣論』でも『一般理論』でも（理論的根拠こそ異なるが）同じである。このことは、これまでみてきたように、ケインズが一貫して貨幣・金融の専門家であったことに照らしても、自然なこといえる。

『貨幣論』の理論構造

大恐慌に対するケインズの反応、およびケインズが提案した処方箋について理解するため、まず『貨幣論』の理論構造の概要を簡潔に説明しておこう。なお、『貨幣論』はケインズの理論的思考の発展途上で書かれたため、結果的には過渡的な著作となってしまったが、長く読み継がれるような貨幣に関する包括的な体系書となっていてもおかしくはなかった。この本には、貨幣に関する実に様々なことが書かれている。したがって、以下に紹介する内容は、『貨幣論』のなかの、重要ではあるが、ごく一部の要素にすぎないことを断っておきたい。

ケインズには、タイトルに「貨幣」という語が入る理論的著作が三冊あり、「貨幣三部作」と呼ばれることもある。『貨幣改革論』(一九二三年)、『貨幣論』(一九三〇年)、そして『雇用・利子および貨幣の一般理論』(一九三六年)がそれである。『貨幣改革論』では伝統的な貨幣数量説の枠組みが用いられていたが、『貨幣論』では投資・貯蓄アプローチへと進化している。経済学では物価水準決定の理論として、物価は貨幣の量によって決まるという貨幣数量説が長年にわたり受容されてきたが、『貨幣論』はそこからの脱却をはかり、代替的な理論を提示した点で注目される。また『貨幣改革論』と比較すると、利子率の役割がクローズアップされている点も特徴といえる。

ここでケインズは財を消費財と投資財に分け、消費財の需要と消費財の供給は等しいと仮定したうえで、物価水準は投資財の需要(投資)と投資財の供給(貯蓄)によって決まると考える。投資が貯蓄を上回ると「意外の利潤」が発生し、物価は上昇する。逆に貯蓄が投資を上回ると「意外の損失」が発生し、物価は下落する。

ケインズは投資と貯蓄を一致させる利子率を「自然利子率」と呼び、現実の市場で決まる利子率を「市場利子率」と呼んだ(JMK, vol. 5, p. 139)。物価水準はこの両者の関係によって説明することができる。このあたりの説明には、北欧の経済学者ヴィクセルの議論との類似性がみられる。市場利子率が自然利子率を上回ると貯蓄が投資を上回り、物価は下落する。逆に市場利子率が自然利子率を下回ると投資が貯蓄を上回り、物価は上昇する。

物価水準を安定させるためには市場利子率が自然利子率と一致する必要があり、そのためには投資と貯蓄が等しくなければならない。これはつまり、貨幣数量説の教えとは異なり、貨幣供給量を一定にコントロールしても物価が安定するとは限らないということである。第一章でみたように、貨幣量と物価との比例関係は、実証的にも否定されており、ケインズ自身もかつて貨幣理論の講義のなかでそのことを説いていた。また、この時点におけるケインズの認識は、投資と貯蓄は、それぞれ担い手も動機も異なり、両者を一致させるような自動調整メカニズムは存在しないというものであった。

したがって、金融当局がなすべきことは、投資と貯蓄を一致させるような市場利子率のコントロールである(JMK, vol. 5, pp. 142-143)。特に不況期には、金利の引き下げが重要となる。なぜなら、市場利子率を下げることによって意外の利潤が生まれ、物価は上昇し、生産や雇用が増加するからである。

具体的な処方箋として、第三〇章「歴史的例証」の第六節「金[本位制]復帰後のイギリスの国内投資と対外投資」では、旧平価での金本位制復帰を果たしてしまったイギリスが「袋小路から脱出するための、可能な道」を四つ挙げている。それは第一に、合理化による対外収支の改善、第二に関税の引き上げによって輸入を減らし対外収支の改善をはかること、第三に、国内投資促進のため利子率に一種の補助金を与えること、第四に、国際的な金融緩和政策、である(JMK, vol. 6, pp. 166-169)。ここでは、ケインズが政府による介入を、公共投資ではなく、金利を通じた経路で考えていることに注目したい。

なお、こうした議論は産出量を一定と仮定している点で問題があることが、カーンら若手経済学者から指摘された。ケインズはその批判を受け入れて『一般理論』へと歩みを進めることになる。

この時期のケインズは、まず価格調整があり、その後に数量調整が起こるという理論的枠組みを保持しており、これに対してホートレーから重要な批判が寄せられた(例えば、JMK, vol. 13, p. 152を参照)。そしてデフレを避けるためにも、市場利子率の引き下げを熱心に説いた。一方、乗数のアイデアは採用されておらず、ロイド・ジョージの公共事業キャンペーンを支持しながらも、なぜそれが有効となるのかについては、明瞭な説明を提示できずにいた。

大不況の現実に直面し、その対応を否応なしに考えざるを得ない立場に置かれたことも、理論の発展の一つの要因になったかもしれない。ただ、当時のケインズはまだ「ケインズ経済学」という武器を手にしていなかった。大恐慌の初動へのケインズの反応をみる際には、彼の思考の枠組みがあくまで『貨幣論』の投資・貯蓄アプローチであった点に留意しておく必要がある。

『一般理論』では、投資と貯蓄はいかなる時点においても等しいという理論的立場に到着しているが、これを保証するのが乗数という概念である。それは伊東(1962)が指摘するような即時乗数のことであり、マクロ経済学の教科書で説明されているような波及的乗数ではない。波及的乗数では、波及プロセスが完了するまで投資と貯蓄は等しくならないからである。その意味では、マクロ経済学の教科書で「ケインジアン・モデル」として紹介されている内容は、『一般理論』のケインズの立場とは異なる。『貨幣論』の理論構造は、投資と貯蓄の差によって物価を説明するというものなので、これを放棄しない限り、乗数概念に到達することはできない。実際、『貨幣論』刊行は一九三〇年一二月であるが、ケインズは一九三〇年七月の時点で、カーンの乗数のアイデアを知って高く評価していた。しかし『貨幣論』には乗数のアイデアは取り入れられていない。カーンの乗数とケインズの乗数との違いについては浅野（1987）に譲るが、ケインズが最終的に到達した「投資と貯蓄はつねに等しい」という乗数の概念と、投資と貯蓄の差によって物価を説明する『貨幣論』の議論とは、相容れないものであるという点を強調しておきたい。

「ケインズ＝有効需要の原理＝大きな政府」といったステレオタイプ的な理解をしていると、ケインズのことだから、大恐慌に際しても、さぞかし大々的な公共事業を提唱したのだろうと思われるかもしれないが、少なくとも初期においてはそうではなかった。

理論的にみると、『一般理論』の枠組みでは、公共事業を行うとその時点でその乗数倍の所得が生み出されているというものであったが、『貨幣論』の枠組みでは、根本の問題は投資と貯蓄の不一致に尽きる。貯蓄に比して投資が不十分であるからデフレになり、不況になる。これを解決するためには、市場利子率を引き下げることが重要となる。金利を下げることにより投資を促進する効果については『一般理論』でも重視されているが、一方、同書では「利子率の低下は、他の事情が変化しないかぎり、投資量を増加させると期待してよいけれども、資本の限界効率表が利子率よりもより急速に低下するならば、そういうことにはならない」という留保もあることに注意する必要がある（JMK, vol. 7, p. 173）。実際、金利を下げても企業の投資マインドが冷え込んでいれば、投資の拡大につながらないことはしばしばある（そのため、後の時代には名目金利のみならず実質金利の引き下げを狙った政策が採用されるようになった）。また、金利の引き下げは、金本位制のもとでは必ずしも容易なことではなかった。利下げをするにしても、他国と緊密に連携しないと、金準備の流出につながりかねないからである。前章でみたように、一九二五年から一九三一年のあいだ、イギリスは旧平価で金本位制に復帰していた。金本位制のもとでは、金準備の維持はすべてに優先する。それこそが、一九二〇年代のイギリスが慢性的な不況に悩まされたゆえんである。

自由党『イエロー・ブック』と「ロイド・ジョージはそれをなしうるか？」

一九二〇年代のほとんどの時期を通じて、イギリスの失業率は一〇％を超えていた。これはイギリスの歴史上でも異例のことであった。もっとも、古い時代には失業率という概念も統計データも存在しないため、厳密にそう断定することはできないが、少なくとも当時の人々にはこの大量失業がかつてない事態であると認識されていた。

シーボーム・ラウントリーを委員長とする自由党の産業調査会は、一九二八年一月、イギリスの国家戦略を考える『イギリス産業の将来』（通称『イエロー・ブック』）を刊行した。ケインズもその会合に参加していた。この『イエロー・ブック』の第四編では、失業対策としての公共事業が論じられている。

さらにロイド・ジョージ率いる自由党は一九二九年三月、赤字財政による大規模な公共事業を提案する『われわれは失業を克服できる』と題するパンフレットを発表した(こちらは『オレンジ・ブック』と名付けられた)。自由党が、国家の大胆な介入を支持する政策を提案するのは異例の出来事であったが、ケインズはロイド・ジョージの公約を支持した。そしてヒューバート・ヘンダーソンと共同で「ロイド・ジョージはそれをなしうるか?」と題するパンフレットを執筆した(JMK, vol. 9, pp. 86–125)。

公共事業の拡大が景気を拡大させるという考え方について、英国史家のテイラーは、「もちろんロイド・ジョージ自身は、この理論を理解していなかった。彼は理論ではなく、行動に興味をもっていた」と述べている(Taylor(1965)邦訳 p. 243)。

ここでケインズたちが対峙することになった反論は、当時「大蔵省見解」として知られるようになったもので、政府が公債を発行して公共事業を行うと、同じだけの民間投資を締め出してしまうという主張である。ケインズたちは、大蔵省見解を「政府が生産計画への融資のために資金を調達すれば、通常産業に振り向けられる資本供給がその分だけ減少させられるに違いないというもの」と表現している(JMK, vol. 9, p. 115)。現代のマクロ経済学の用語でいうと一〇〇%のクラウディング・アウトが発生するということである。この考え方を提示したのは、大蔵省エコノミストのラルフ・ホートレーであった(Hawtrey(1925))。ホートレーは、信用創造を伴うかどうかが重要であって、信用創造を伴わない財政政策は効果がないと主張した。ホートレーの議論は、現代の表現を用いるならＬＭ曲線が垂直であることを前提としており、この主張が正しいかどうかは、その前提が妥当か否かによる。

なお、実際にはホートレーは同じ考え方をもっと早くから主張しており、例えば処女作の『好況と不況』（一九一三年）のなかで、救貧法委員会少数派報告に対して次のように述べている。「この提案の背後にある原理は、民間業者の有効需要が低下している時には政府は労働に対する有効需要を追加すべきである、というものである。しかし少数派報告の著者たちは、政府はこの支出のために借り入れるというまさにその事実によって、投資市場からさもなければ資本創造に用いられていたであろう貯蓄を引き揚げている、という事実を見落としているように思われる」（Hawtrey (1913) p. 260）。これに対し、ケインズの教え子であったロバートソンは、一九一五年の『産業変動の研究』の時点ですでに、「不況期には貯蓄はさもなければ〔政府によって用いられなければ民間企業によっては〕用いられない」と反論していた（Robertson (1915) p. 253n）。

大蔵省見解に対し、ケインズとヘンダーソンのパンフレットには、「道路の建設が道路資材への需要をもたらし、この需要が労働への需要や他の財への需要をもたらし、さらにこの需要が労働への需要をもたらす」といった波及的乗数の議論を彷彿とさせる記述があるが（JMK, vol. 9, p. 105）、まだこの時点では単なる指摘にとどまっており、理論にまで昇華できていない。

既に述べたように、当時のケインズの理論では、投資が貯蓄を超過すれば、好況と雇用の増大とインフレーションへの傾向が生じ、投資が貯蓄を下回ると、不況と失業が生じる。信用の拡張はインフレを招くといわれることがあるが、ケインズに言わせれば、すべての信用創造がインフレを招くわけではない。インフレになるのは、すべての人が雇用され、貯蓄が利用され尽くしているのに活動を拡大しようとする場合のみである。したがって、不況期にはそのようなことは起こらない(JMK, vol. 9, p. 117)。「われわれの新規投資は、まさに遊休状態にある生産的資源をもって行おうというのである」(JMK, vol. 9, p. 120)。

また、ケインズは別の論点として、公債の借り換えに関する「大蔵省の偏見」にも言及している。政府の借り入れが少なければ少ないほど、国債をより低い利率の公債に借り換える機会が多くなるというものである。ケインズは、「資本支出の削減が政府公債の利子率を低下させる傾向」があることを「まったく正しい」としつつも、同時に「それが失業の増大を助長していること、そしてイギリスの設備状態を戦前のままに留めておくことになる」という点を指摘している(JMK, vol. 9, p. 122)。

利子率が下がる可能性があるとすれば、貯蓄が過大である場合か、投資の供給が過小である場合である。ただ、利子率を下げるために投資を抑制するのは「われわれ自身を窮乏化させる有害なやり方」と断じている(JMK, vol. 9, p. 123)。実際にはイギリスは設備の更新の面で世界から後れをとりつつあった。

さて、ここでのケインズの主張はどのように評価できるだろうか。まず前者の大蔵省批判に関して言えば、一九一五年にロバートソンが主張していた論点そのままであり、特に目新しいところはない。後者については、ケインズがまだ投資・貯蓄によって利子率が決まるという伝統的な理論的枠組みのなかで議論していることがみてとれる。伝統的理論からの脱却はまだ先のことではあるが、イギリス経済の現状に大きな問題があることを肌で感じ、警鐘を発している。

一九二九年五月の総選挙は、保守党、自由党、労働党の三党がほぼ対等の条件で戦った最初で最後の選挙であった。ケインズらの応援もむなしく、同選挙の獲得議席数は、労働党二八八議席、保守党二六〇議席、自由党五九議席と自由党は惨敗した。しかも当選した自由党の候補は、多くがアスキス派で、ロイド・ジョージを嫌っていた（Taylor（1965）邦訳 p. 244）。そして六月にはマクドナルド第二次労働党内閣が成立することとなった。大恐慌が発生したのはこの内閣のときであったが、マクドナルド内閣が打ち出した政策は、大蔵省見解に則ったデフレ政策であった。

大暴落前夜の状況

一九二七年以来、イギリスの公定歩合は約二年間にわたって四・五％に据え置かれていたが、一九二九年二月に五・五％に引き上げられた。ケインズは『ネーション・アンド・アシニーアム』誌一九二九年二月一六日号でこの利上げについて論評している。

国内の経済的・金融的状況にはこの措置を正当化するものは何もなく、単にＦＲＢ(連邦準備局)がアメリカの都合で維持している金利のみがその理由であった(JMK, vol. 19, p. 796)。とはいえ、ロンドン市場がニューヨークよりも低い金利でこれほど長く持ちこたえられたことにケインズは、ポジティブな評価を与えている。金本位制のもとでは、他国より金利が低い状態を続けると、金準備の流出を招く恐れがあるからである。ただ、この利上げは当然ながらイギリスの雇用には悪影響を及ぼす懸念があった。主な問題は、国内の産業への打撃を緩和するにはどうすればよいかというものである。

一般に、公定歩合の引き上げが必要な状況が三つある。第一に、国内での過度の膨張と投機の傾向を阻止すること、第二に、国内の利子率を世界全体で支配的である投資の実質利子率と足並みを揃えさせること、第三に、外国の一時的な状況にもとづくイギリスからの短資流出(したがって金流出)を止めること、である。現在のイギリスでは、第一、第二の状況は存在せず、問題は第三の状況である。ケインズの認識では、国際短資市場は利子率にきわめて敏感であるが、企業は信用価格のわずかな変動よりは信用の量の方にはるかに関心がある。信用量を切り詰めることなく短資市場でより高い金利を実現するのは、長期的には困難であるが、数カ月程度であれば協定によって可能であるとしている。またイングランド銀行が証券を買うことによって信用の基礎を増大させること、国内での資本開発を進めることも必要であり、これらをしないと失業は増大するだろうと述べている(JMK, vol. 19, pp. 798–799)。

「失業対策」と題する一九二九年四月一九日付『イブニング・スタンダード』紙への寄稿で、政府がやれる失業対策はほとんどないという「大蔵省ドグマ」に反論している。新投資が国内雇用量を増やす源泉が三つある。第一に、投資が貯蓄を上回ると、ブーム、労働力不足、およびインフレ傾向が生じる。第二に、一部の個人が消費する以上に生産した超過分は、資本設備を増大させることに用いることができる。第三に、対外貸付を減らし国内投資に振り向けると、失業者は相応の賃金を稼げるようになり、輸入が増える(JMK, vol. 19, pp. 810–811)。また、ケインズはすべての生産資源は雇用されているのが正常であるという前提を批判している。この時期のケインズの理論的枠組みは『貨幣論』ベースであるが、『貨幣論』では産出量一定を仮定してはいたものの、必ずしも完全雇用を仮定していたわけではない。

一九二九年春から秋頃にかけて、大蔵省見解を批判する論説がいくつかみられるが、だいたい同じような論調が続く。

ウォール街の株価大暴落の直前、ケインズは『リスナー』誌一九二九年一〇月四日号に「公定歩合」と題する論説を発表し、アメリカの利上げに注意を喚起している。

アメリカの株式市場における投機熱の高まりを受けて、一九二九年九月二六日にイギリスでも公定歩合が六・五％に引き上げられた。その理由は、外国への支払いのためにイングランド銀行から金が大量に流出しつつあったからである。イングランド銀行は一年間で同行の金準備の四分の一に近い四〇〇〇万ポンド以上の金を失った(JMK, vol. 19, pp. 834-835)。

アメリカの鉱工業生産は一九二三〜二五年を一〇〇とすると、一九二九年六月に一二六でピークをつけ、以後上昇しなくなった。一九二九年の年央にはアメリカの建設ブームは峠を越えていた。経済情勢上は、低金利政策をとるべき機が熟しつつあったが、各国は高金利政策をとり続けた(『マクミラン委員会報告書』邦訳 p. 58)。

ウォール街の株価大暴落とケインズ

一九二九年一〇月二四日のウォール街における株価大暴落直後のケインズの反応がどのようなものであったかは、意外と知られていない。記録で確認することのできる最初のものは、大暴落翌日の一〇月二五日付の妻リディアへの短い手紙と、『ニューヨーク・イブニング・ポスト』への記事である。

リディア宛ての手紙では、「昨日、ウォール街でついに暴落が起こりました。なにか聞いていますか？　史上最大の大暴落です……。私は、終日ずっと金融のことで頭がいっぱいでうんざりしていました」と記されている(JMK, vol. 20, p. 1)。

また同じ一〇月二五日の『ニューヨーク・イブニング・ポスト』に「ウォール街の暴落についての英国人の見解」と題する記事を寄稿している。この記事の内容を要約すると、次のようになる。

すなわち、過去数カ月のウォール街での異常な投機は金利を前例のない水準に引き上げた。金本位制のもとでは国際的な資金の移動が保証されるので、どの地域も高金利になった。しかしこの高金利はアメリカの都合による人為的なものであり、他の国で産業や企業がその高金利に耐えられる状況にはない。いきおい、ウォール街から何千マイルも離れた国で新しい企業は衰退し、商品価格は下落している。この高金利があと半年も続けばそれは悲惨なことになるが、幸い、再び低金利時代が到来する可能性がある。それは世界中のビジネスにとって真の利益となるだろう。まずはニューヨーク連銀が、そしてほどなくしてイングランド銀行やその他のヨーロッパの中央銀行が金利引き下げに動くだろう。それが回復への足掛かりとなるとケインズはみている(JMK, vol. 20, pp. 1-3)。

これがウォール街の大暴落に対するケインズのファースト・インプレッションである。上述のように、『貨幣論』の枠組みに基づいた診断である。金本位制のもとでは、アメリカが投機を抑制するために高金利政策をとれば、金準備流出を避けるために他の国も金利を上げざるを得ない。金本位制をとる限り、金融政策がアメリカに引きずられるのである。そして問題は高金利であり、金利を下げれば回復に向かうだろうという単純な診断である。それはつまり、この時点では問題は金融政策のみで対処可能だと考えていたということである。

そもそも、この時代にはまだ政府による大規模な財政出動というのは一般的ではなかった。一九二九年の連邦政府の支出はアメリカのGDPの三%だった(Crotty(2019) p. 18)。景気対策としての金融政策という手段も、比較的新しいものだった。

投資家としてのケインズの行動も、それに対応している。当初、ケインズはこの下落を単なる調整であるとみていた。しかし翌一一月になると悲観に転じ、自身が役員を務めていた会社にも売却を指示している。

後からみれば、一九二九年一〇月二四日の大暴落は、その後の大恐慌の発端であったとわかる。ただ、当時その渦中にいた人々にとっては、それを認識するのは容易ではなかった。この大暴落以前にも、大きな調整は何度も起きていた。それらが大恐慌の引き金であったとしてもおかしくはなかった。にもかかわらず、それまでは暴落があっても比較的短期間で反発をみせていた。したがって、一〇月二四日の暴落がいかに激しいものであったとはいえ、今回も比較的短期間で戻すという予想をする者がいたとしても、それを責めるのは酷であろう。そもそも相場を正確に読むことなど誰にもできない。

ウォール街の株価大暴落を受けて、各国の当局がまず講じたのは金融的手段であった。中央銀行は公定歩合を引き下げた。ニューヨーク連銀は、公定歩合を一九二九年一一月一日に六％から五％へ、一一月一五日に四・五％へと引き下げた。イングランド銀行は、一九二九年一〇月三一日に六・五％から六％へ、一二月一二日に五・五％へ、一二月一二日に五％へと引き下げている。

しかし金本位制をとっている以上、金準備の維持には留意しなければならず、率先して金利を下げすぎると金準備の流出を招く恐れがあった。イングランド銀行は他国の中央銀行にシグナルを送り、連携をとろうとした。

ケインズは『貨幣論』のなかで、「一九世紀の後半を通じて、世界の致る処での信用条件に対するロンドンの影響は、非常に支配的なものであり、そのためにイングランド銀行は、ほとんど国際的オーケストラの指揮者としての地位を、自負することができたほどであった」と書いている（JMK, vol. 6, p. 274）。

しかし一九三〇年の時点では、ロンドンはなお有力な金融センターであるとはいえ、かつてほどの力はなくなっていた。そして現代では投資家が流動的な形態で大きな蓄積を保有しているため、金利のわずかな差が資金の大きな移動を誘発してしまう。そのため、「国際的本位を維持しようとすることは、国内的安定と、最適の雇用量とを維持するように自国の国内的状態を処理しようとする中央銀行の能力を、非常に制限しがちである」と評している（JMK, vol. 6, p. 276）。前章で触れたように、金融政策の独立性と金本位制の維持（為替レートの安定）の両立が困難であるという視点は、当時のケインズにとってきわめて重要な論点であった。

マクミラン委員会

労働党内閣の大蔵大臣フィリップ・スノーデンは、一九二九年一一月に通貨・信用問題に関して勧告を行うため、「金融および産業に関する委員会」、通称「マクミラン委員会」を立ち上げた。委員は一四人おり、ケインズもその一人に任命され、中心メンバーとして大きな役割を果たした。他にはマッケナやブラッドベリーらも委員に名を連ねていた。ケインズは、これまで時事問題に対しては新聞や雑誌に精力的に意見を発信してきたが、この時期に関してはマクミラン委員会での活動に大きなエネルギーを注いでいる。

マクミラン委員会は、銀行業、金融および信用が、イギリスの商業や貿易、労働者の雇用促進にいかに貢献しうるかを検討することを目的としていた。一九三一年六月に報告書が出るまでに、実に四九回の会合が開かれた。この報告書は大部分をケインズが執筆したといわれているが、『貨幣論』の立場とも符合する。

報告書は第一部「歴史と解説」、第二部「結論と勧告」からなる。同委員会で議論された最大の問題は、当時世界的な現象として観察されていたデフレーションであった。いかにしてデフレ脱却を図るかが喫緊の課題であったが、一九二五年以降金本位制に復帰していたイギリスは、金融政策の自由を失っていた。債務国からは金が流出し、債権国へと流入する。そのため、金の流出に悩まされる債務国はデフレ政策をとらざるを得ない。逆に金の流入でインフレ圧力に直面するアメリカは、それを回避するために金不胎化政策をとった。前章で述べたように、これは事実上の金本位制の凍結であった。

報告書では「現在の水準以上に物価を引き上げることの当面の必要性」が強調され、国際政治の主たる目標は国際物価水準の回復であり、指導的債権国の中央銀行がこの目的のために協力する必要性があると主張している（『マクミラン委員会報告書』邦訳 p. 94）。

報告書は結論を六点にまとめている。

一　中央銀行の目標は、長期と短期の両方において国際物価の安定を維持することである。

二　そのための方法は、銀行信用の量と条件を調節し、国内、国外の新投資と新企業設立の率を安定させることである。

三　この目標のために中央銀行は頻繁に会合し、各国の金融政策の一般的傾向を決定すべきである。そして小刻みの変更を躊躇なく行うべきである。
四　この種の共同政策は、各国中央銀行の完全な自律性を損ねてはならない。
五　各中央銀行は、不必要な金流入を避けるために全力をつくすべきである。
六　中央銀行は短期投資のみならず長期投資の率も権限内にあると考えるべきである。
（『マクミラン委員会報告書』邦訳 p. 105）

また、同報告書には四つの補遺が付されている。補遺Ⅰは、委員一四人中六人が署名し、そのうちケインズ、マッケナ、テイラー、タラハの四人は無条件で支持し、トマス・アレンとアーネスト・ベビンは留保つきで賛成した。

補遺Ⅰではイギリスがとるべき政策として、三つの案が検討されている。第一に賃金の引き下げ、第二に輸入の統制と輸出産業の補助、第三に国内企業への政府援助および国内民間投資への補助金である（『マクミラン委員会報告書』邦訳 p. 157）。

第一と第二は対外投資促進策、第三は国内投資促進策である。

第一の賃金切り下げの効果は、国内的には顧客の購買力の減少によって相殺されてしまう。また、対外的にも、競争相手国が対抗して切り下げを行ってくると、効果は期待できない（「合成の誤謬」)。いたずらに賃金を切り下げるよりは、購買力の増大につながる方策が大切であるとしている。

第二の輸入関税をかけ、輸出に補助金を与える方策については、ポンド切り下げに類似した効果が期待できる。ポンド切り下げは国の信用に傷がつくうえ、ポンド建て対外貸付からのわが国の受け取りが減少するため、安直にはできないと考えられている。

第三は不況対策としての公共事業である。ここではいわゆる大蔵省見解に対して、政府による投資が民間の投資を阻害することにはならないという見解が示されている。また、政府の借り入れが英国債の利回りに悪影響を及ぼすという批判については、資本資産が蓄積され富が増大すると利子率は低下するはずだと反論している(『マクミラン委員会報告書』邦訳 pp. 166–167)。ここでも、公共事業への支持は表明されているが、乗数的な考えは登場しない。

なお、ケインズたちの奮闘もむなしく、イギリス政府はマクミラン委員会の勧告をほとんど採用しなかった。

ドイツの状況とフーバー・モラトリアム

この頃、ドイツは対外債務の支払いを海外からの借り入れによってまかなっていたが、その借入金利は高く、大きな負担になっていた。一九二九年時点ではドイツの産業活動はかなり活発になっていたが、大恐慌の打撃を受けて一転、窮地に陥った。一九二九年時点で二〇〇万人いた失業者は、一九三一年末までに六〇〇万人にまで増えていた。またドイツに対する信用不安はドイツの対外借款の引き揚げを招き、借款を更新できなくなったドイツから金が流出した(JMK, vol. 18, p. 351)。

ドイツに対する最大の債権者であったアメリカはこれを不安視し、一九三一年六月、フーバー大統領が行動をおこした。「フーバー・モラトリアム」として知られ、すべての政府間の支払いについて一年間の猶予を与えるというもので、フランスを除く関係政府すべてがこれを受諾した。渋っていたフランスもその後、条件付きで同意した。

ケインズは一九三一年五月末から五週間ほどアメリカを訪問していた。そして帰国後、経済諮問委員会宛てに「米国経済事情に関する覚書」を書いた。そのなかでフーバー・モラトリアムについて「フーバー氏の宣言は、すべての方面において文句なしの成功を収めた」と評している。ケインズがアメリカに到着した時点では「フーバーの評判は信じられないほど低く、彼のことを良く言うような者は一人もいなかった」が、この「建設的な」措置は情勢を一変させた。「まったくこれは、大統領がこれまでやってきたことの中でも最も評判のよいことだといっても過言ではない」ともちあげている(JMK, vol. 18, p. 355)。

ただ現実には、一年間という猶予は焼け石に水でしかなく、ドイツのブリューニング首相は、モラトリアム期間終了後も賠償支払いの再開はできないと声明を出した。

ケインズは一九三二年一月、ハンブルクで行った「一九三二年の経済見通し」と題する講演で、今日では賠償金も戦債もどちらも支払われておらず、ある意味ではこれは現実の金融問題ではなくなってきていると述べた。そして「近い将来にいかなる実質的な額も支払われるとは誰も想像していない」とし、「イギリスにおける責任ある地位にいる者で、今日、いかなる姿形であれ賠償金や戦債の支払いの継続を望む者はいない。イギリスの全政党および全利害関係者は、無条件で完全な棒引きを提唱している」と述べた(JMK, vol. 21, p. 46)。

またケインズは一九三二年一月一六日の『ニュー・ステイツマン・アンド・ネーション』誌に、強烈なデフレに悩まされるドイツについての論説「賠償は終結するか」を発表している。

普通のデフレーションであれば、国内の費用を相対的に低下させることによって輸出を促進する効果が期待できるが、ドイツの場合、デフレーションは「窒息しそうな為替管理」と一緒になっているため、より悪いという。人為的にマルク高を維持することで、海外市場でのドイツ製品は割高となり、ドイツの貿易は壊滅しつつある。人口の三分の一近くは失業しており、いまなお職に就いている人々の生活水準も無慈悲に切り下げられている。最近まであれほど隆盛をきわめていた輸出産業は、海外からの注文を急速に失いつつあった(JMK, vol. 18, p. 366)。

ケインズの主張は、「わが国政府は、率直にかつ断固として賠償と戦債の全面的帳消しに賛成すべきである」というものであった。新聞報道では、イギリス大蔵省は二年あるいは三年のモラトリアムを実施し、それが終わってもう一度ドーズ委員会のようなものを設けるという計画をフランスと協議しているという。しかし「もしこの政策が強行されるようなことがあれば、ドイツがすべての将来債務を全面的に否認するという結果を招きかねないであろう」と警告する。「無理やりに追い込まれた全面的債務不履行に比べれば、合意の上の決着の方が、全世界にとってはるかに益するところが大きいであろう」というのがケインズの判断であった(JMK, vol. 18, pp. 367-368)。

その後、一九三二年六月に始まったローザンヌ会議では賠償の減額が決まったが、アメリカ議会は連合国への債務の減免を拒否した。

一九三〇年の状況

ケインズの一九三〇年の活動としては、マクミラン委員会の他に、まず一月に経済諮問委員会の委員に任命されたことが挙げられる。ついで七月には経済諮問委員会の小委員会にあたる経済学者委員会で委員長に任命された。メンバーにはピグー、ロビンズ、ヘンダーソン、スタンプがいた(Harrod (1951) 邦訳 p. 474)。ケインズはカーンを委員会秘書団の一人に推薦し、カーンはここで一九三一年の有名な論文「国内投資の失業に対する関係」のもとになった乗数についての定式化を含むメモ「第一次雇用と第二次雇用との間の関係」を書きあげた。ケインズはこれを高く評価していた（浅野（1987）p. 23）。

ケインズは大暴落当初は金利の引き下げによって回復に向かうだろうと楽観的な見通しを示していたが、一九三〇年五月一〇日の『ネーション・アンド・アシニーアム』誌に寄稿した論説ではより事態を深刻に捉えている。

　実際のところ、われわれはきわめて深刻な国際的不況に陥っている。今回の不況はこれまで経験した中でも最も厳しい不況として歴史に刻まれることになるだろう。事態がここまで深刻になると、公定歩合の引き下げという受動的な方法だけでは不十分で、回復にはもっと積極的で断固とした政策が必要となるだろう（JMK, vol. 20, pp. 345-346）。

一九三〇年一〇月六日付の経済学者委員会の草案では、国内投資を回復させる方策として、事業上の確信の回復がまず重要であるとしている。これは、本来の意味での古典派経済学やマーシャルと同様の診断である。そのうえで、金利の引き下げについて論じている。ここ数カ月で短期利子率は低下したが、それはまだ十分な効果を発揮していないという。これは、かつて弟子のロバートソンが指摘したように、投資財の生産には時間がかかるため、現時点ではまだ一九二九年の高金利の影響が残っているためである。短期金利を引き下げても長期金利にはごくわずかしか反映されず、企業が設備投資を行ううえで重要なのは長期金利であることが指摘される。それに続くのが政府による公共投資政策であり、その有効性を説いている(JMK, vol. 20, pp. 443-448)。

さらに一九三〇年一二月に『ネーション・アンド・アシニーアム』誌に掲載された論説「一九三〇年の大不況」では、「われわれの生活が今年、現代史上最大の経済的破局の淵にのぞんでいるという事実を、世界は遅まきながら認識しようとしている」と述べている(JMK, vol. 9, p. 126)。一九二一年にも物価は大暴落したが、それは生産者たちが法外な利潤をあげていた好況期の水準からの下落だった。しかし「昨年生じたような正常水準からの非常に大幅で急激な物価下落は、近代史上にその類例を見ないもの」である(JMK, vol. 9, p. 127)。

「このような苦境の中にあって、個々の生産者は、一生産者ないし一部の生産者だけがその方針にしたがうかぎり彼らの利益となるかもしれないが、すべての生産者がそれにしたがうならば、だれ一人利益を受けることにならない方向への行動に、幻のような望みをいだくものである」。産出量制限や賃金切り下げがその例であるが、ケインズは、それは回復に役立つものではないと述べている(JMK, vol. 9, p. 128)。また失業対策としての貨幣賃金切り下げについては、経済学者委員会が出した一九三〇年九月二五日付の「A・C・ピグー教授の覚書についてのノート」でも批判している(JMK, vol. 20, pp. 409–416)。

この時期のケインズの立場は『貨幣論』段階のもので、まだ有効需要の原理にたどり着いていないが、ムーア以来つちかってきた「合成の誤謬」の視点はもちあわせていることがわかる。

第一次大戦以降、イギリスをはじめ各国(アメリカを除く)は莫大な内国債および外債を抱えているが、その負担は固定額であるため、強烈なデフレは危機的な債務負担増加を招く。もし物価が戦前の水準に下がったとすると、イギリスの国債は一九二四年当時の価値から四〇%増、一九二〇年当時の二倍になる。インフレは政府が合法的に借金を踏み倒す手段となり得るが、デフレはまさのその逆である。

この年の一二月にはついに『貨幣論』が刊行された。ここでも当然、大恐慌への言及があり、例えば以下のような論評がみられる。

> 崩壊に先立って、連邦準備局は、投機的な群衆の熱狂を規制しようとしたが、そのための努力を通じて合衆国で促進されることになった……高い市場利子率は、急速な崩壊をもたらすうえで、基本的な役割を演じた。……私は、一九三〇年の沈滞を、まず第一に、株式市場の崩壊に先立つ長期間の高金利が投資に及ぼした阻止的な効果に帰し、崩壊それ自体の影響は二次的なものにすぎないと考えている。しかし、崩壊が起こってしまってからは、

それは、経営資本の投資の引き揚げを招くことによって、特に合衆国では、事態を非常に悪化させた(JMK, vol. 6, p. 176)。

『一般理論』では、一部例外を除いて、便宜上証券をすべて「債券」に集約するという理論上の単純化が行われており、理論面における株式の扱いは『貨幣論』よりも後退している。『一般理論』において、人々の流動性選好を左右する「投機的動機」は、自分の資産を貨幣か債券かのいずれで保有するかという選択に関わるものであった。『貨幣論』には証券市場における「強気」と「弱気」の議論が展開されている。ここでいう弱気筋とは、この先株価が下落しそうだと考えている人々のことで、それは証券の空売りをするという積極的行動に出た人だけでなく、「普通の状態では証券の保有者であるはずであるが、当分の間は貯蓄預金という形で現金に対する流動的請求権を保有することの方を選んでいる人びと」をも含んでいる(JMK, vol. 5, pp. 223-224)。

また『貨幣論』には「証券投資をしている人々は、儲けているときよりも損しているときの方が、ずっと「貯蓄」しそうであり――新しい浪費を慎む」といった興味深い指摘もみられるが(JMK, vol. 6, p. 177)、残念ながらまだ有効需要の原理とは結び付いていない。

一九三一年

一九三一年には、六月に先述の『マクミラン委員会報告書』が発表されたほか、様々な出来事があった。

まず、一月のラジオ講演では「貯蓄と支出」について語っている。「価格が安いことは結構なことであるに違いないと皆さんはお思いになるかもしれません……。しかしそうはいきません」。人々は、消費者であると同時に生産者でもある。「安いということが生産者の破滅を意味するものであれば、これは起こりうべき最悪の経済的不幸のひとつです」(JMK, vol. 9, pp. 135-136)。

貯蓄の目的は、住宅とか工場、道路、機械などといった資本財を生産するための仕事に労働者を振り向けることだが、もし失業中の余剰労働者がすでに大勢存在しているならば、貯蓄の効果は失業者数を増やすことでしかないという。重要なのは、商品、それも特にイギリスの国産品を買うことで、それが雇用を増やすことになるのだという。

『ニュー・ステイツマン・アンド・ネーション』一九三一年三月七日号の「収入関税に関する提案」では、拡張政策が現状ではあまり効果を見込めず、収入関税の導入が効果的であるとの立場を表明している。これは、自由貿易論者であったケインズが保護貿易を支持したものとしてしばしば注目される(JMK, vol. 9, pp. 231-238)。しかし、これをもってケインズが保護貿易論者になったと一概に言うこともできない。保護関税については、翌一九三二年四月二〇日の『イブニング・スタンダード』紙で、より踏み込んだ発言をしている。

われわれ皆が週末に「その成立を」予想している鉄鋼の保護関税は国益となるだろう。しかし、私は、一つの例外を別にして、大規模な関税の実験はそこで中止されることを望む。われわれはこの国で産業保護を可能な限り小さくしたい。それは、われわれのためであり他国に対してあまりに悪い手本を示さないためである。今日の世界に存在するような関税は、一番の災いのもとである。それらを増やしていくことは必要としても不快である。その上、スターリングの切り下げは、関税によるよりもはるかに効果的に英国の費用を世界の費用に再調整しており、保護関税擁護論を大いに弱めてきた（JMK, vol. 21, p. 103）。

つまり、一九三一年春の時点では、必要悪として保護関税の必要性を説いていたが、一九三一年九月二一日のイギリスの金本位制離脱という大事件（これについては第三章を参照）を受けて、状況が好転したため、翌年には保護関税の必要性が低下してきたというのがケインズの判断であった。

一九三一年五月にマクミラン委員会の議事が終わるとその月末、ケインズはリディアとともに渡米した。そして六月にはハリス基金講義のためシカゴ大学から招聘され、シカゴで「失業の経済分析」と題する講演を行った(JMK, vol. 13, pp. 343-367)。それは「われわれはいま、現代世界で最大級の経済的カタストロフのただなかにいます。……後世の経済史家がこの恐慌を振り返るとき、大きな転換点の一つとみなすことでしょう」という言葉から始まる(JMK, vol. 13, pp. 343-344)。

ケインズは、株式市場の暴落に先立ち、一九二九年初頭に投資の崩壊が発生していたことを指摘している。失業の原因は投資の減退であるとされるが、なぜ投資が減退したのか。第一に、利子率が非常に高くなっていて、資金を借りてもそれを上回る収益が見込めないこと、第二に、仮に投資が高収益をあげられたとしても、資本財の供給が増え、さらなる拡張のためには利下げが必要であること、第三に、まさにこの瞬間、連邦準備銀行はこのブームを抑制するために利子率を引き上げたことで、誰にとっても借り入れは高くつくようになったこと、第四に、アメリカの利上げは世界中から金を引き寄せ、各地で信用収縮を引き起こしたこと、第五に、アメリカの投資家たちは外国証券よりも自国の株式の投機に夢中になっていたこと、これらが原因として挙げられている(JMK, vol. 13, pp. 349-350)。

救済策としては、三つのアプローチが提示されている。第一は、借り手・貸し手ともに確信の回復、第二は政府や他の公的機関の直接援助のもとでの新たな建設計画、第三は長期利子率の引き下げである(JMK, vol. 13, pp. 363-365)。

アメリカから帰国後、一九三一年七月にケインズは経済諮問委員会宛てに「米国経済事情に関する覚書」を書いた。そこではフーバー・モラトリアムを賞賛すると同時に、懸念点も挙げられている。それは、ワシントン政府内にフランスに対する極端ないらだちがみられること、およびアメリカがこれ以上の譲歩をする前にドイツが崩壊するのではないかという懸念である(JMK, vol. 18, pp. 355-357)。

一九三一年一一月、ケインズは「通貨問題についての覚書」を執筆した。そこでは、国際通貨会議の開催は時期尚早という見解を表明している。その理由は、「それはフランスがわれわれに余りに高すぎる値で、また機が熟していない時点で金本位制に復帰するよう圧力を行使しようとする機会になる」と考えられたからである(JMK, vol. 21, p. 16)。

一九三二年以降

ケインズは一九三二年一月、ハンブルクへと旅立ち、同地の国際経済学会で「一九三二年の経済見通し」と題する講演を行った。そこでは、今日の主要な問題を、「広範囲に及ぶ金融恐慌をいかに回避するか」であると指摘している。優先順位として、金融の崩壊を防ぐことが最重要課題であって、産業の再生は二番目というのがケインズの診断であった（JMK, vol. 21, p. 39）。

これを改稿し、一九三二年二月に「世界経済恐慌と脱出の方法」と題する講演を行った。

いまや借り入れをして資産を運用するリスクが非常に大きいので、誰もが我先にと流動性を確保しようとして大混乱が起こっている。そして、より多くの流動性を得ることに成功した個人は、その過程で資産価格を押し下げており、その結果、他の個人の証拠金はさらに失われ、勇気がくじかれていく。……一九三〇年一月から一九三一年九月までの間で、ニューヨーク株式取引所に上場されていた普通株の市場価値は、六五〇億ドルから四五〇億ドルに下落した。私は、その時までには、暴落が大いに進んだと考えていた（JMK, vol. 21, pp. 51–52）。

しかしそれはまだ金融崩壊のごく一部にすぎなかった。株式だけでなく債券の市場価値も、一九三一年九月から四カ月で、四七〇億ドルから三八〇億ドルへと下落した。各国は流動性を求めて争ったが、ケインズはここに「合成の誤謬」の事例をみた。

われわれはここに一般的な利益と特定の利益の不調和の極端な例をみる。各国は、相対的立場を改善しようと努力して、近隣諸国の絶対的繁栄にとって有害な対策を採る。そしてその例はその国だけに限られないので、その国はそのような行動自体によって得をする以上に、近隣諸国による同様の行動によって苦しむことになる。今日広く唱道される改善策のすべては、事実上こうした共倒れの特徴をもっている。競争的賃金切り下げ、競争的関税、外国資産の競争的現金化、競争的通貨切り下げ、競争的節約運動、新開発の競争的抑制――すべてはこの近隣窮乏化の表れである(JMK, vol. 21, pp. 52-53)。

個々人は、自分の個人的な都合で通常の支出を切り詰めざるを得ないかもしれず、そして誰もその人を非難することはできない。しかし、その個人はそのように行動することで公共の義務を果たしているなどとは考えてはなるまい。自発的かつ不必要に、有益であると広く認められている支出を切り詰めたりあるいは延期したりする一個人、もしくは一機関、もしくは一公共団体は、反社会的行動を行っているのである(JMK, vol. 21, p. 53)。

ケインズはこの頃には「合成の誤謬」を節約のパラドックスへと昇華させ、乗数の概念をつかみつつあった。一九三三年四月五日の日付がついている『貨幣論』「日本語版への序文」のなかで、同書を近い将来に訂正することは考えておらず、「第三編および第四編で説明している私の見解の理論的基礎を拡張かつ修正して、純理論的な性格の小著を公にしたいと思っている」と書いている(JMK, vol. 5, p. xxvii)。それが『一般理論』であることは言うまでもない。

ケインズが『貨幣論』の枠組みから脱却して『一般理論』への道を歩み始めたのがいつ頃からかについては論者によって見解が分かれるが、概ね一九三二年中のどこかであるという見方が多い。例えばモグリッジは一九三二年六月頃、平井(2003)は一九三二年末頃と推定している(JMK, vol. 13, p. 337, 平井(2003) p. 148)。

対独賠償問題、金の蓄積の問題でフランスがとってきた行動は、ケインズの主張とは真逆で、自国中心主義を地で行くものであった。「フランス人たちは、もし誰もが自分たちと同じように行動していたならば、皆が自分たちと同じくらい金を得ていただろうと考えている」と述べているが(JMK, vol. 21, p. 61)、こうしたフランスのスタンスは、ミクロ的に合理的な行動がマクロ的にも合理的な結果を生み出すという発想に他ならない。これこそが、まさにケインズが否定しようとしたものであった。

一九三三年三月の『タイムズ』紙に「繁栄への道」と題する一連の論説を発表した。ここでも一国の国際収支の改善が必然的に他国の国際収支の悪化をもたらすことが指摘され、通貨価値の切り下げと関税はイギリスの自衛手段として効果があったことを認めつつも、報復的な通貨価値の切り下げ、報復的な関税、為替制限、輸入禁止、輸入割当といった個々の国の国際収支改善策は結局のところ、どの国をも救済しないばかりか、それぞれの国を害することになるという。そしてケインズの結論は、「全世界が足並みをそろえて公債支出の増加をはかる以外には、世界の物価を上昇させるのに有効な手段は存在しない」というものであった(JMK, vol. 9, p. 352)。

一九三二年四月に『ロイズ銀行月報』に掲載された「スターリング為替についての考察」では、投機に関して興味深い見解が表明されている。「短期間先の事象を予想し、予想することによって、その事態の生起を促すのは、成功を収める投機家の務めである。しかし予想された事象が起こる時、彼はその取引を反転させなければならない。したがって投機勘定は、その事象がより長期間にわたって資本を動かす人々の意向を一変させる効果を及ぼさない限り、一時的な効果以外のものを生み出しえない」。「私は投機を永続的な力としては軽視する」(JMK, vol. 21, pp. 72-74)。

ケインズの師マーシャルは、「合成の誤謬」を示唆するような直接的表現をしているわけではないが、その優れた大局観はものごとを正しく捉えていた。いわば「損して得を取れ」といった発想で、例えば労働者に手厚い報酬を与えることが企業の繁栄、ひいては経済成長につながるといった考えをもっており、近視眼的視野にとらわれることがなかった。ケインズも同様で、一九三三年六月、ウォルター・リップマンとの対談で次のように述べている。

実は、われわれの利害が互いに対立する際に問題となる国家的利益は、もし繁栄が戻ってきたとすればわれわれ皆が得られるものに較べれば、些細な規模なのです。なぜなら、繁栄はわれわれに、どの国にも負担するよう要求されるかもしれない犠牲の最大限度の何倍も上回ったものを回復してくれるからです(JMK, vol. 21, p. 257)。

一九三三年七月一四日の『デイリー・メイル』紙に掲載された「われわれが従うのは、ドルかフランか」では、

世界中の国の中でわれわれは最も重い公債負担に悩まされている。それは、われわれが、戦時債務および戦後債務の全負担をほとんど戦前の価格水準で負っているからである。われわれには、物価と所得の上昇が、まさにそのことが、ぜひ必要である。それは、まさしく、ヨーロッパの参戦国で、われわれだけが通貨を適切な度合いでいまだ切り下げていないからである(JMK, vol. 21, p. 279)。

と述べている。

一九三三年六月、国際連盟の招集によりロンドンで世界経済会議が開催されたが、英米の利害対立などから何の成果もないまま無期限の休会となった。その後、世界経済はスターリング・ブロック、ドル・ブロックなどへと分裂を深めていく。

ケインズとニューディール

フランクリン・ローズベルトは一九三三年三月四日にアメリカ大統領に就任すると、緊急銀行救済法、農業調整法、全国産業復興法といった重要立法を立て続けに制定させた。

ニューディール政策に対するスタンスについて、興味深い事実がある。一般的なイメージでは、ケインズはその精神的支柱であり、新自由主義者のミルトン・フリードマンやロナルド・レーガンはさぞかし昔からそれに批判的だっただろうと思われるかもしれない。しかし事実は逆であった。

フリードマンは、当初はニューディールの福祉拡大を支持していた（Ebenstein（2007）邦訳 pp. 54–55）。また、レーガンは、若い頃は左派の民主党員で、ニューディール政策の素晴らしさについて長広舌をふるっていた（ヘルマン（2020）p. 324）。こういったことは珍しくはない。

ニューディールの評価をめぐっては、すでに膨大な議論があり、ここでそれを紹介することはできないが、景気対策としての短期的効果と、アメリカ経済への長期的効果とに分けて考える必要があると思われる。

本書の立場は、長期的効果としては重要で、高く評価されるべきであるが、短期的な景気対策としてはあまり効果がなかったというものである。前者については、特に銀行業務と証券業務の分離を定めたグラス＝スティーガル法などは、その後数十年にわたってアメリカ経済を金融危機から守ってきた。その意味で、大きな意義をもっている。しかし後者の景気対策については過大評価されていると言わざるを得ない。

まず、よく見られる通俗的神話として、「ローズベルトは未曽有の公共事業を実施してアメリカを大恐慌から救った」といった見方があるが、これは事実に反する。ローズベルト本人は緊縮財政主義者であり、選挙公約に均衡予算を掲げていたため、大規模な公共事業はやりづらい立場に置かれていた。自身が共和党の財政赤字を攻撃していたからである。アメリカの失業率をみると、一九二〇年代は概ね三％程度であったが、ニューディール政策が始まってから一九三〇年代を通じて一四％を超える高水準の失業率が続いており、ニューディール政策によってアメリカ経済が不況から回復したとはとてもいえない。

ケインズとの関係でいえば、ケインズは当初ローズベルトに対して大きな期待を寄せ、積極的に働きかけていたものの、そのほとんどは無視され、ニューディールへのケインズの影響は

アメリカの雇用状況

（単位：万人）

年	総労働力	兵士	労働力人口			
				就業者	失業者	失業率(%)
1929	4944	26	4918	4763	155	3.2
1930	5008	26	4982	4548	434	8.7
1931	5068	26	5042	4240	802	15.9
1932	5125	25	5100	3894	1206	23.6
1933	5184	25	5159	3876	1283	24.9
1934	5249	26	5223	4089	1134	21.7
1935	5314	27	5287	4226	1061	20.1
1936	5374	30	5344	4441	903	16.9
1937	5432	32	5400	4630	770	14.3
1938	5495	34	5461	4422	1039	19.0
1939	5560	37	5523	4575	948	17.2
1940	5618	54	5564	4752	812	14.6
1941	5753	162	5591	5035	556	9.9
1942	6038	397	5641	5375	266	4.7
1943	6456	902	5554	5447	107	1.9
1944	6604	1141	5463	5396	67	1.2
1945	6529	1143	5386	5282	104	1.9

＊ 失業率は，失業者数÷労働力人口で算出.

U. S. Bureau of Labor Statistics, "Labor Force, Employment, and Unemployment, 1929-39: Estimating Methods," p.51 より作成.

ほぼなかったことが現在では定説となっている。

ケインズは一九三三年六月二七日付『デイリー・メイル』紙に掲載された論説「われわれはアメリカと協力することができるか」において、ローズベルトについて「もし彼が失敗するとすれば、それは、彼の方策があまりに激烈すぎたからではなく、彼が、公共事業計画と、公開市場操作やその他により長期利子率を引き下げる努力において、遅れすぎであり、また、臆病すぎたからである」と評している(JMK, vol. 21, p. 265)。

一九三三年一二月、ケインズはハーバード大学の行政法教授フェリックス・フランクフルタ一をケンブリッジに招き、ローズベルト大統領に公開書簡を書くことになった。それは一二月三一日付『ニューヨーク・タイムズ』紙に掲載された。

そこでケインズはニューディール政策の柱の一つである全国産業復興法について、「私には全国産業復興法が回復の実質的助けになるとは認められません。この法律による膨大な行政業務の背後にある推進力は、緊急性の優先順序の面で間違った選択の一例であるように思われます」とし、この法律は「回復には多分妨げになる」と評している(JMK, vol. 21, p. 291)。

問題は回復措置と改革措置の優先順位であって、ローズベルトはまず改革をやろうとしているが、ケインズの考えでは順序が逆で、回復が先であるべきと主張した(JMK, vol. 21, p. 299)。

その後も全国産業復興法については、労働条件や公正な取引行為の確保という点では重要な改善を含んでいるものの、「そこに見られる規制主義哲学……と過剰な複雑さと統制管理の故にその大部分に対し異議がある、という広く行きわたっている意見」に賛意を表している(JMIK, vol. 21, p. 323)。

大恐慌においてはデフレが大きな問題となっており、物価の上昇が必要とされているが、ただ、どんなものでも物価が上がりさえすればよいと考えているわけではない。大統領宛て公開書簡でケインズは次のように述べている。

物価上昇が産出増加を犠牲にして引き起こされたものであるなら、それについて好意的な立場から言うべきことはほとんどありません。それが助けになる債務者もいるかもしれませんが、全体としての国民経済の回復は妨げられるでしょう。だから原価の意図的引き上げとか生産制限による物価上昇は、国の購買力増大の自然な結果である物価上昇と比べれば、ずっと劣った価値しかありません。……総体としての購買力の増大による生産の刺激こそが、物価を上昇させる正しい道筋です(JMIK, vol. 21, pp. 292-293)。

これは現代の言葉でいうならば、コスト・プッシュ・インフレーションは回復には役立たず、ディマンド・プル・インフレーションこそが求められているという主張である。

一九三四年一月一七日の『リスナー』誌での「ローズベルトの経済的実験」では、「貨幣面の操作だけで事業の拡張を引き起こすのは容易ではない」とし、公共事業や類似の目的への大規模な支出による失業救済の試みはずっと大きな希望がもてるが、「彼〔ローズベルト〕の計画の中のこの部分は動き出すのが遅かった」と評している(JMK, vol. 21, p. 308)。この頃には乗数理論にたどり着いており、金融政策だけで対処することの限界が指摘されている。

一九三四年五月二八日、ケインズはローズベルト大統領と面会した(JMK, vol. 21, p. 321)。その後もケインズとローズベルトは手紙のやりとりなどをして、表面的には友好的な関係を築いているが、ケインズの提言をローズベルトがどこまで本気で考慮したかはわからない。

一九三四年六月には、当面達成される回復の度合いは政府の緊急支出の規模とペースに依存するといい、三三年一一月までは月九〇〇〇万ドルほどであったが、その後急増し、月平均三億ドルを超えるに至ったことを評価している。しかしその後また支出が抑制された。ケインズは、力強い回復が始まるには月四億ドル(これは国民所得の一一%に相当する)の緊急支出(借り入れによるものであり、税金によるものであってはならない)が必要であると述べている(JMK, vol. 21, pp. 325–326)。

残念ながら、大恐慌に終止符を打ったのは経済政策ではなく、戦争であった。次章では『一般理論』以降のケインズについてみていく。

第五章

『一般理論』とその後

『一般理論』の意味

ケインズは、『貨幣論』を書きあげる頃にはその内容に既に不満を感じていたが、カーンらケンブリッジの若手経済学者からの理論的批判を受け入れ、新しい理論を模索していく。その後、数年にわたる知的格闘の産物が『一般理論』であった。

『一般理論』の内容の解説については、すでに優れた書物が多数存在しており、また著者自身の解釈は『投機は経済を安定させるのか？　ケインズ『一般理論』を読み直す』(二〇一六年)で述べたため、詳述は避けるが、いくつか重要な点について簡単に論及しておきたい。

ケインズはなぜこの本を『雇用・利子および貨幣の一般理論』と名付けたのだろうか。もしケインズの主張が、通俗的な教科書が説くように、不況期の公共事業によって失業を解消しようというものであったならば、『雇用の一般理論』と名付ければよかったはずである。しかし、実際に刊行された本には、「雇用」「利子」「貨幣」という三つの単語が併記されている。『貨幣論』とは異なる意味においてではあるが、そこには雇用の問題を理解するうえで、利子や貨幣が決定的な重要性をもっているというメッセージが内包されている。

『一般理論』でケインズは自分以前の経済学をあえて「古典派」と呼び、その理論の本質を再構成すると「古典派の二つの公準」が浮かび上がってくることを指摘した。「古典派」モデルの内容を端的に言えば、労働市場における労働需要曲線と労働供給曲線によって、労働の価格と数量に対応する賃金と雇用量が決まるとするモデルである。これは財市場における需要と供給の分析を労働市場に適用したもので、一見すると、疑問を差し挟む余地のない盤石のモデルのように思われるかもしれない。

この「古典派」モデルには重要な含意が二つある。第一に、失業が生じるのは、賃金水準が高すぎるからであり、唯一可能な失業対策は実質賃金の切り下げということになる。第二に、労働需要曲線も労働供給曲線も、それぞれの経済主体の合理的行動から導出されるものであり、自発的選択の結果であるがゆえに、すべての失業は自発的なものであるということになる。これは突き詰めると、失業中の労働者は労働をするか余暇を享受するかという選択に際して、自らの意思で余暇を選択しているにすぎないのであって、「失業問題」などは存在しないということである。「古典派」モデルは完全雇用(これは失業率ゼロ%という意味ではない)を前提として失業問題を考えるモデルになっており、ケインズはこのことに不満を感じていた。そして、それまでの正統派経済学である「古典派」経済学を完全雇用の場合にのみあてはまる特殊理論とし、自身の新理論を不完全雇用の場合も包括する「一般理論」と規定したのである。

ただし、「古典派」として槍玉に上げられたマーシャルやピグーが実際にこのような主張をしていたかといえば否である。例えばマーシャルは、「公正な賃金」という論文において、インフレ時には名目賃金を引き上げ、デフレ時には名目賃金を引き下げることによって、景気の波に対してできるだけ実質賃金を一定に保つことを提唱しており、古典派の公準が示唆するような実質賃金の引き下げなどは主張していないが、これについてはひとまずおいておこう。

『一般理論』の意義と特徴

ケインズが『一般理論』で成し遂げたことは、消費関数、資本の限界効率、流動性選好といった戦略変数を有機的に組み上げ、国民所得決定の理論を樹立した点にある。国民所得という概念は、マーシャルが注目したものであったが、国民所得水準がどのようにして決まるかを説明する理論は存在していなかった。

消費関数とは、社会全体の所得のうち、どれくらいの割合が消費にまわされるかを規定する議論である。ケインズは消費関数を礎として、投資と所得とのあいだに乗数と呼ばれる関係がつねに成立していることを明らかにした。

不況や失業は、有効需要が不足するために生じる。有効需要とは購買力の裏付けをもった需要のことであり、消費需要と投資需要からなる。投資を決めるのは、資本の限界効率と利子率であり、利子率を決めるのは流動性選好(貨幣需要)と貨幣供給である。

資本の限界効率とは、「資本資産から耐用期間を通じて得られると期待される収益によって与えられる年金の系列の現在価値を、その供給価格にちょうど等しくさせる割引率に相当するもの」(JMK, vol. 7, p. 135)、より平易な言い方をするならば、予想利潤率のことである。これが、資金調達コストである利子率を上回っている限り投資は行われる。

そして利子率を決める流動性選好とは、人々が自分の資産のうち貨幣の形態で保有しようとする割合、すなわち貨幣需要を意味する。流動性選好説においては、不確実性やストック(資産価格)が重要な役割を演じている。

これらの戦略変数を組み合わせることで、ケインズは、失業問題の真の原因は労働市場にはなく金融市場における投機にあること、また失業は賃金が高すぎるためではなく有効需要が不足するために生じることを指摘し、全体としての産出量決定の理論をはじめて提示した。

これにより、非自発的失業を伴ったまま、市場が不完全雇用均衡状態に陥る可能性が理論的に論証された。市場メカニズムに委ねておいても自然の治癒力は働かず、人為的に需要を喚起する必要があるということである。不況対策として財政政策が有効だという主張については、政策論としては先駆者がたくさんいるが、その背後にマクロの産出量決定の理論を用意したことで、はじめて理論的裏付けを備えた画期的な政策提言となり得た。その意味で、これは政策上ではなく理論上の革新であった。

また、「節約のパラドックス」や投機の問題にみられるように、ミクロ的に合理的な個人の選択や行動を積み重ねても、マクロ的に好ましい結果が得られるとは限らないという「合成の誤謬」の議論を経済学的に展開した。マクロ経済学という学問は、事実上、ケインズとともにはじまったといえる。

なお、『一般理論』の重要要素とされる流動性選好説が、伝統的な貸付資金説と同じであるか否か、換言すれば、そこに革新性があるか否かについては、長らく論争が繰り広げられてきたが、その詳細については例えば、伊藤(2013)を参照されたい。

ケインズ経済学は、しばしば短期の国民所得決定理論であると言われる。後に登場したサムエルソンの新古典派総合も、短期はケインズ経済学、長期は伝統的な新古典派経済学、と棲み分けをはかるものであった。それに対し、例えば根井(2022)は、ケインズ経済学の視座が短期だけにとどまらないことを指摘している。その解釈の中身は同書に譲るが、本書でもみてきたように、イギリスは一九二〇年代から慢性的な不況に悩まされてきた。『一般理論』が出版されたのは一九三六年であるが、この時点でイギリスの不況は十数年続いていたことを忘れてはならない。ケインズが体験していた不況は、一年や二年でどうにかなるような短期の現象では決してなかった。一〇年というのは長期に分類される。

『一般理論』はそれまでのケインズの著作とは打って変わって、ドメスティックな色彩が強い。処女作の『インドの通貨と金融』以来、ケインズの著作は国際経済・国際金融に関する具体的な政策提言が盛り込まれているものが多かった。『貨幣論』のような貨幣の体系書においてさえ、その時どきの国際金融情勢に言及しているが、『一般理論』に具体的な政策提言はほとんど見られない。これは、同書が元々は『貨幣論』の理論パートの改良を意図して書かれた純粋な理論書であるということと関連している。従来の考え方との相違点を鮮明にするため、あえて単純化した想定を採用し、問題を閉鎖体系という狭い範囲に限定することで、事柄の本質を抉りだそうという意図があったと考えられる。

ケインズ自身による留保

『一般理論』の理論構造は、すでに述べた通りであるが、その過程で問題が生じうることをケインズ自身、認識していた。例えば、

(1) 貨幣量が増加すると、他の事情が等しいならば、利子率を低下させる傾向がある(ただし、公衆の流動性選好が貨幣量よりも多く増加するならば、そうはならない)。

(2) 利子率が低下すると、他の事情が等しいならば、投資量を増加させる傾向がある(ただし、資本の限界効率が利子率よりも急速に低下するならば、そうはならない)。

（3） 投資が増加すると、他の事情が等しいならば、雇用を増加させる傾向がある（ただし、消費性向が低下するならば、そうはならない）。

（JMK, vol. 7, p. 173）

（1）は「流動性の罠」に関連する論点である。弟子のロバートソンがこの点を指摘したが、ケインズ自身は、現状認識としてはこれの存在を否定しているものの、将来的に重要になる可能性を示唆している（JMK, vol. 7, p. 207）。

（2）は、まさに二〇〇〇年代以降の日本の状況を反映しているといえる。当該期間のほとんどにおいて、金利はきわめて低かったが、投資は伸びなかった。金利を下げても投資マインドが極度に冷え込んでいる状況では効果は期待できない。金融政策は重要ではあるが、万能ではないということである。マーシャルの時代には政府が積極的な景気対策を講じるべきという発想そのものがまだ一般的ではなかったが、こと景気診断に関しては、マーシャルとケインズの見立てはほとんど同じである。マーシャルは不況の原因として「事業上の確信の欠如」を挙げているが、これはケインズのいう資本の限界効率の崩壊に相当する。

（3）については、「合成の誤謬」の問題が生じうる。結局のところ、皆がどんどんお金を使えば不況は解消に向かうはずだが、実際にはなかなかそうはならない。なぜなら、ミクロ的には、将来が不確かな状況では、無駄遣いをせずに貯蓄に励むのが合理的であるからである。ここにミクロとマクロの不調和がある。有名なアリとキリギリスの童話では、倹約家のアリの姿勢が正しいとされるが、マクロ的には旺盛な消費意欲をもったキリギリスがいないと景気は上向かないのである。ケインズは失業の原因を、「人々の貨幣愛」にあるという独特の言葉で表現している。

『一般理論』とその普及

『一般理論』は非常に難解な書物で、刊行当時、専門家であってもその意図を正確に理解できる者は少なかった(日本における導入の事情については、伊東(2006)を参照)。

ケインズの新理論の骨子をわかりやすく説明したIS－LMモデルや四五度線モデルは、果たしてそれが正確なケインズ理解であるか、多くの論争を呼び起こした。なかでも金融市場を捨象し、財市場だけに特化した四五度線モデルは、「ケインズ経済学＝公共事業」といった一面的なステレオタイプ的理解を広めることになった。一方、これらの平易なモデルの登場は、難解な『一般理論』の考え方を普及させるうえでは大きな役割を果たした。

ケインズ解釈の代表的なモデルとして長らく親しまれてきたIS－LMモデルは、ヒックスが一九三七年に「ケインズ氏と古典派」という論文で提示したものである。難解な『一般理論』の内容を、刊行後わずか一年で平明なモデルに落とし込んだヒックスの理論的手腕は見事というほかないが、これの賛否をめぐっては長い間多くの議論がかわされてきた。このモデルはケインズの存命中に発表されたものであり、ケインズ自身の反応を知ることのできる有名な手紙がある。ヒックスに宛てた一九三七年三月三一日付の書簡の冒頭で、「やっとのことで読まねばならないものに追いついて、同封いただいた草稿に目を通しました。それは非常に興味深く、実際批判することはほとんど何もありません」と述べている（JMK, vol. 14, p. 79）。

この手紙の解釈についても、これまで様々な議論がなされてきた。ケインズ本人がIS－LMモデルは自分の意に沿うものであるとお墨付きを与えたと肯定的に評価する向きもあれば、いやこれはリップサービスであって本心ではないという解釈もあった。というのも、ケインズは自分より立場が上の人間に対しては容赦なく攻撃を加えたが、自分より立場の弱い若手に対してはあまりつらく当たることはなく、むしろ激励することが多かったからである。ただ、ケインズ自身はヒックスの他の仕事をあまり高く評価していなかった。一九三九年四月一一日付のカーン宛ての手紙で、ヒックスの『価値と資本』を読んだ感想を次のように述べている。「明らかに賢い人間によって書かれたこのような本を、これまで読んだことがありません。特別に批判すべき点は何もありませんが、それでいて中身は空疎です」（Moggridge (1992) p. 553）。

なお、ヒックスはこの『価値と資本』第一二章において、『一般理論』の目玉の一つであった流動性選好説と、伝統的な貸付資金説は、突き詰めれば同じものになると主張している。利子率は、他の価格と同じように一つの価格であって、相互依存する一般均衡体系の解として決定されるため、両者の違いは、体系から貨幣の需給方程式、信用の需給方程式、いずれの方程式を消去するかの違いでしかない。すなわち、ワルラス法則により信用の需給方程式を消去すれば流動性選好説となり、貨幣の需給方程式を消去すれば貸付資金説となる(流動性選好説の新規性をめぐっては、伊藤(2013)も参照)。ただし、ケインズはこのような解釈は受け入れなかったかもしれない。

ＩＳ-ＬＭモデルに対するケインズの本音はどうだったか、いまとなっては判断するすべはないが、イギリスにおけるケインズの弟子筋の経済学者たちはこれに批判的な者が多かった。

さらに時代がくだると、ケインズ主義は慢性的な財政赤字を生み出しやすいといった批判がＪ・Ｍ・ブキャナンらによって展開されたが、その批判はケインジアンにはあてはまっても、ケインズにはあてはまらない。ケインズは一九三七年一月に『タイムズ』紙に寄稿した「いかに不況を回避するか」と題する論説で、総需要拡大によって全体を押し上げる「ケインズ政策」の修正を提案している。当時、イギリスの失業率はなお一〇％を超える水準にあったが、それでもケインズは地域間の格差に注目し、いまは総需要拡大による全体の押し上げよりも困窮地域への特別な支援をすべきであると提案している(JMK, vol. 21, pp. 385-386)。

ケインズと自由主義・資本主義・社会主義

大恐慌以降、市場経済は危機的状況を迎え、社会主義、共産主義、ファシズムといった体制が存在感を増しつつあった。これらについて、ケインズはどのように見ていただろうか。

ケインズの師にあたるアルフレッド・マーシャルは、市場における競争を、それ自体はあまり好ましくないものの、必要悪として受け入れていた。一方、社会主義については、理想としては立派であるとしつつも、権力の集中を招きやすく、抑圧と統制の支配する息苦しい社会になることを危惧して支持しなかった。

ケインズも、資本主義経済を好ましくないとしつつもやはり受け入れ、その枠組みの中での改良を模索していた。それを如実に表しているのが、「自由放任の終焉」のなかの有名な一節である。

私としては、資本主義は賢明に管理されるかぎり、おそらく、経済的目的を達成するうえで、今までに見られたどのような代替的システムにもまして効率的なものにすることができるが、本質的には、幾多の点できわめて好ましくないものであると考えている(JMK, vol. 9, p. 294)。

また『ニュー・ステイツマン・アンド・ネーション』誌(一九三九年一月二八日)ではリベラル・ソーシャリズムという言葉を用いている。

問題はわれわれが一九世紀の自由放任国家から脱して自由社会主義(リベラル・ソーシャリズム)の時代に入って行く準備ができているかどうかということです。この自由社会主義によって私が意味するのは個人——彼の選択、彼の信仰、彼の精神そしてその表現、彼の事業そして財産の自由——を尊重しかつ保護しながら、共通の目的のためにそして社会的経済的正義を促進するために組織された共同体としてわれわれが行動できるシステムです(JMK, vol. 21, p. 500)。

「リベラル」という言葉は、扱いの難しい表現である。時代、国、文脈によって実に様々な意味が込められている。ケインズは、イギリスが自由党・保守党の二大政党制から労働党・保守党のそれへと推移していく過渡期にあって終始、自由党(リベラル・パーティ)を支持し続けた。ケインズの立場は、通俗的な自由放任主義とは異なり、政府が投資などにより積極的な役割を果たすことを容認するもので、「ニュー・リベラリズム」と呼ばれることがある。上記の「リベラル・ソーシャリズム」もこれと趣旨はほぼ同じである(これに関連して、ケインズのニュー・

リベラリズムについて掘り下げた論考として、平井(2022)が参考になる。ケインズのリベラル・ソーシャリズムについては、Crotty(2019)を参照)。

一方で、一九七〇年代から影響力を増大させたネオ・リベラリズムは、通俗的な「ケインジアン＝大きな政府」を真っ向から否定する立場をとる。どちらも漢字で書けば「新自由主義」である(通常、新自由主義といえば後者の意味で用いられる)が、その内容は正反対である。

また、「社会主義」という言葉も実に様々な意味合いで用いられてきた。主に二〇世紀、とりわけ冷戦の時代にあっては、社会主義は共産主義とほぼ同義に用いられ、この言葉でソ連などに象徴されるような一党独裁制をイメージする人が多かった。他方、二一世紀において社会主義を肯定的に捉える人は、デンマークのような社会民主主義を念頭に置いていることが多い。

ケインズは、「投資の社会化」のような言葉を用いたことでも知られるように、社会における投資において国家がより大きな役割を果たすことを期待していた。そこから、ケインズは左派的、社会主義的な人物とみなされることがあるが、これには注意が必要である。ケインズは私有財産制を否定したり生産手段の国有化を主張したりは決してしなかった(JMK, vol. 7, p. 378)。ケインズの主張は、市場経済ではときに投資水準が完全雇用に対応する水準に達しないことがあり、場合によっては政府がそれを補う必要があるというものであった。ケインズの弟子の中にはハロッドのような右派もいれば、カルドアやジョーン・ロビンソンのような左派もおり、数としては左派寄りが多かったが、ケインズ自身は左派ではなかった。

シドニー・ウェッブは一九一八年の初めにケインズに対し、ケンブリッジ大学からの労働党議員候補になってほしいと要請したが、ケインズはこれを断った(Skidelsky(1983) 邦訳 p. 576 注6)。また一九一八年二月、ケインズはロシアの勲章を贈られたが、ボルシェヴィキからのものであるとして拒絶している(Harrod(1951) 邦訳 p. 258)。

ケインズは生涯、労働党を支持することはなかった。一九二五年八月の自由党夏季学校での講演「私は自由党員か」では、「労働党は階級政党であるが、その階級は私の所属する階級ではない。……階級戦争が起これば、私は、教養あるブルジョアジーの側に立つことになるであろう」と自らの立場を表明している(JMK, vol. 9, p. 297)。

ケインズは自由党系の週刊誌『ネーション・アンド・アシニーアム』の経営権を得て、編集委員長となった。新体制での第一号は一九二三年五月に刊行された。『マンチェスター・ガーディアン』紙に掲載された新委員長の方針のなかで、「労働党の教条主義的な部分は、われわれが今抱えている難題を解決するにはまったく不適切であるとわれわれは信じてはいるものの、再三の不況と失業に起因する当然避けられる苦難というべきものを最小にするために、既存の経済機構を改善し、かつ修正しようと望んでいる点で、労働党にとりわけ共感するところがあります」と述べていた(JMK, vol. 18, pp. 122–123)。

また一九二九年のパンフレット「ロイド・ジョージはそれをなしうるか？」の中に、「それは社会主義か」という項がある。そこで、自由党の計画と社会主義労働党（Socialist-Labour）の対比を行っている。両者とも「国家機関の手を介して失業者のために仕事を与えること」を提案している点では共通している。しかし、社会主義労働党は、私企業から生産・分配・交換の諸手段を取り上げ、国家的支配に替えようとしているが、自由党の計画は、非常時において私企業によってはとうてい遂行することが不可能であるか、あるいはインフラ整備など、事業の性格からして遂行できそうにない種類の事業を遂行するための国家の援助を提案するだけである（JMK, vol. 9, p. 114）。両者を混同するのは、ケインズからすればとんでもないことであった。

ケインズは一九三一年一一月二日のウォルター・ケース宛て書信で「私は労働党政府が復活することを望むことはとてもできなかった。……労働党内閣の人間は信じ難いほど頼り無く、彼らによって宣伝された政策はほとんどばかばかしいものだった」と述べている（JMK, vol. 21, p. 10）。

一九三二年年三月の国家と産業についての放送で、ケインズはロシアについて論評している。「ロシアの五カ年計画は世界の想像力を襲い、そしてとりこにしてきた」が、「この夢はまだ実現された成功ではない」（JMK, vol. 21, p. 85）。「イギリスやアメリカは人口の四分の一と生産工場の三分の一が稼動していないが、……それにもかかわらずいかなる現存のボリシェヴィキの国家やファシズムの国家と比べてさえ少なくとも二倍の高さの生活水準を支えることができる」(JMK, vol. 21, p. 86)。

一九三三年七月の『ニュー・ステイツマン・アンド・ネーション』誌に掲載された「国家的な自給自足」では、ロシアについて「人生を生きる価値のあるものにしているほとんどすべてのものをばか者達のために犠牲にしている最悪の事例」であると酷評している(JMK, vol. 21, pp. 243–244)。「ロシアは、政権が批判から免れてしまうと、その政権は大間違いを犯すという例を提供している」とも述べている(JMK, vol. 21, p. 246)。

『ニュー・ステイツマン・アンド・ネーション』一九三四年一一月一〇日号では共産主義について語っている。

> 革命は、ウェルズが言うように時代遅れである。というのは、革命というものは個人的な権力に反抗するものだからである。今日のイギリスには、個人的権力を持つ者は誰もいない。
>
> なおしばらく、スターリンを楽しませておこう。……根底において、共産主義は、その力をより深い、より重大な源から引き出している。経済状態を改善する手段として提示されるならば、それは我々の知性への侮辱である。しかし、経済状態を悪化させる手段とし

て提示されるとき、それは精妙かつほとんど抵抗し難い魅力を持つ。共産主義は、一九世紀が最適な経済的成果を組織するのに失敗したことに対する反動ではない。それは、その比較的な成功への反動である。それは経済的厚生の空虚さへの抗議であり、他の諸価値へ向けての我々すべてに内在する禁欲主義者への訴えである。……理想主義的若者は、共産主義と共に行動する。というのは、それがただ一つ、彼らに現代的と感じさせる精神的アピールをもつがゆえに。しかしその経済学は、彼らを悩ませ、困惑させる。ケンブリッジの学部学生が、ボルシェヴィズムへの避け難い旅路を辿る場合に、それが恐ろしく快適でないのを見出したとき、彼らは幻滅するだろうか？　もちろん否である。それこそ、彼らが探し求めているものだから(JMK, vol. 28, pp. 34–35)。

ファシズムが台頭すると、ケンブリッジ使徒会の若者たちは反ファシズムの立場を鮮明にした。マルクス主義や共産主義に共感を示す若者も増えた。ケインズの友人であったクライブ・ベルとヴァネッサ・ベルの長男ジュリアンは、スペイン内戦に参加し、傷病者運搬車を運転中に命を落とした(JMK, vol. 28, p. 74, Moggridge (1992) p. 612)。ケインズはジュリアンの死を悼みつつも、共産主義にも戦争にも熱狂することはできなかった。

ケインズは、ジュリアン・ベルのように、個人としてファシストに抗議することと「他の環境下では、彼が恐らく良心的兵役拒否者になったであろう」ことは矛盾しないという。

当今、スペインの民主主義のために戦争の危険をおかす用意ありとする……姿勢が、大多数の同胞によって共有されないという事ほど確かなことはない。……戦争というものは、信条や信念の問題に似ており、……たとえ非常な多数者でも、それを少数者に押しつける権利があるかどうか疑わしい。……良心的兵役拒否者でない人間が、若いイギリス人たちを――平均的イギリス人が自らの名誉への衝動に駆られて決して守る気にもなれないような大義のために――死へ追いやる資格などない（JMK, vol. 28, p. 77）。

ケインズはファシズム、ナチスをどうみたか

既に論じたように、第一次世界大戦後の対独賠償問題において、ケインズは一貫してドイツに寛容な態度をとっていた。では、その後のナチスの台頭をケインズはどうみていただろうか。実際のところ、ケインズのナチスに対する公的な論評はほとんど見当たらない。公刊された文書に限っていえば、直接的な論及はごくわずかである。一九三六年九月の『一般理論』「ドイツ語版序文」で、自分の理論が全体主義の体制にうまく適合するという、やや誤解を招きやすいリップサービスを行っているくらいである。

本書が提供しようとしている全体としての産出量の理論は、自由競争と大幅な自由放任の条件のもとで生産される一定の産出量に関する生産および分配の理論と比べた場合、全体主義国家の条件に対してははるかに容易に適合させることができる(JMK, vol. 7, p. xxvi)。

もちろん、ケインズが全体主義を好意的にみていたとか擁護していたという事実はない。ケインズはマルクス主義、共産主義、ファシズムを同列にみて、一様に嫌悪していた。第二章でみたように、カルタゴの平和を求めるヴェルサイユ条約という悪意が、ナチスのような魔物を生み出しかねないことをケインズは何度も警告していた。その意味では、ナチスの台頭はケインズにとって驚くべきことではなかっただろう。とはいえ、それに共感するかどうかはまた別の話である。一九三三年一月、ドイツでヒトラーが首相となり、他政党を弾圧し、瞬く間に一党独裁体制を確立した。ナチスはユダヤ人を排斥したが、ケインズが親しくしていた人物のなかには、リチャード・カーン、ピエロ・スラッファ、メルヒオルといったユダヤ人がいた。

ファシズムに対するケインズの見解を知るうえで、手掛かりとなるのはキングズリー・マーティンとの手紙のやりとりである。ケインズは一九二三年から『ネーション・アンド・アシニーアム』誌の経営者兼編集委員長を務めていた。同誌は『ニュー・ステイツマン』誌と合併し、一九三一年より『ニュー・ステイツマン・アンド・ネーション』となり、ケインズはその会長を務めた。キングズリー・マーティンは、一九三一年から同誌の編集長を務めた人物である。『ケインズ全集』第二八巻には両者の書簡が数多く収録されており、そこには一九三〇年代の政治体制に関するケインズの考え方が表明されている点で興味深い。例えば、一九三四年八月一一日付の手紙でケインズは次のように述べている。

マルクス主義者は、現存の経済秩序を変更するためには、個人の政治的自由をいつでも犠牲にする用意をそなえています。ファシストやナチスもそうです。それが、私がマルクス主義思想を弄ぶ輩は、個人の政治的自由を反動的攻撃から守ることにおいて、明確な良心を持ち得ないだろうと言った所以です。……私自身の目標は、政治的自由主義の方法による経済的改革です（JMK, vol. 28, pp. 28–29）。

共産主義や全体主義は権力の集中を招きやすく、独裁者が暴走したとき、それを止めるのが難しいという欠点がある。戦争は、ふとした偶発的な出来事がきっかけで起こり得るものであるが、いったん始まってしまうと終わらせるのが難しい。権力者の面子や保身がかかっている場合(勝利以外の結末では失脚しかねない場合など)は、特にそうである。『ニュー・ステイツマン・アンド・ネーション』誌一九三三年七月八日・一五日号に掲載された「国家的な自給自足」と題する論説では、ケインズは「ドイツは野放図な無責任な人々のなすがままになっている――もっとも、ドイツの成功の可能性を判断するのは早すぎる」と述べている(JMK, vol. 21, p. 244)。

一九三六年七月にマーティンに宛てた手紙では、ドイツ、イタリア、日本は「その軍備を邪悪な目的のために用いる」グループであるとし、これらを「山賊国家(brigand powers)」と呼んだ(JMK, vol. 28, p. 47)。そして「我が方の不充分な軍備という状態は、ただ、力以外に何ら議論というものを知らない山賊国家を勇気づけるだけであり、また、彼らが当面わが帝国の利害の何ものにも触れないことに同意する限りにおいて、世界でやりたい放題をするこれらの国家の中で、我々が為すことなく黙過することを喜ぶ連中に対して、長期的には手を貸すことになるでしょう」と述べ、「指導的な平和主義国家による優越的武力の集団的保有こそが、今日の状況下で、平和の最良な保障」であると主張した(JMK, vol. 28, p. 48)。

ケインズは、ドイツを止めるための戦争を提唱したことはなかったが、それでも平和主義国家が軍事力を保有することは必要であると考えていた。ヒトラーは、自分の標的はあくまでソ連であって、イギリスに手を出すつもりはない、と甘言を囁いていたが、チャーチルやケインズはそれを信用しなかった。
左派の多かったケインズの弟子のなかでも保守寄りのハロッドは、一九三九年一〇月一四日付のケインズの手紙を紹介している。

左翼のインテリゲンチャたちはナチの侵略にはどんな犠牲を払っても抵抗すべきであると最も声高に要求した。どたん場がやって来ると、四週間足らずにして彼らは自分たちが平和論者であることを思い出し、貴誌〔『ニュー・ステイツマン・アンド・ネーション』〕に敗北主義者的な手紙を書き、自由と文明の防衛をブリンプ大佐〔漫画のキャラクターで、保守反動を象徴する人物〕とその学閥にゆだねた。彼らのために万歳を三唱しよう(Harrod (1951) 邦訳 p. 542)。

対独宣戦布告後に発表された『戦費調達論』(一九四〇年二月)では、「イギリスの経済力を組織化して、悔悛の情をもたぬ敵を世界の商業と社会から永久に放逐することをやってのけることができるかどうかに、われわれの勝利の帰趨がかかっている」といった(JMK, vol. 9, p. 372)、国民を鼓舞するような表現を用いている。
とはいえ、第二次世界大戦に際しては、ケインズはあくまで裏方として事務処理の方に専念し、戦争の是非などについて積極的に発言することはなかった。経済学者としてケインズの心を占めていたのは、ナチスドイツの軍事的脅威よりも、戦後イギリスがアメリカに対して経済的に従属的立場に置かれることへの懸念であった。

第二次世界大戦とケインズ

ケインズは『一般理論』刊行後、しばらく新しい理論をめぐる論争に参加していたが、一九三七年五月に心臓発作で倒れると中断となった。その後、一九三九年九月一日のドイツによるポーランド侵攻を皮切りに、世界は再び戦争へと突き進んでいく。ポーランドに対して安全保障宣言を行っていたイギリスは翌日、フランスと共同でドイツに最後通牒を送付し、九月三日には宣戦布告した。イギリスはネヴィル・チェンバレンがなお宥和政策に固執していたため、本格的な軍事支援を行わず、半年以上にわたってドイツと英仏とのあいだで本格的な陸上戦闘が行われないという奇妙な状態が続いていた。

一九四〇年五月にチャーチル内閣が成立すると、イギリスは総力戦体制へと舵を切る。フランスが早々に脱落するなか、イギリスは孤立した状態で強大なドイツを相手にしなければならなかった。七月からはドイツ空軍によるイギリス本土への空襲が始まり、「バトル・オブ・ブリテン」と呼ばれる戦いは激しさを増していく。チャーチルの関心事は、イギリスがなんとか持ちこたえているあいだに、いかにしてアメリカをこの戦争に引き込むかであった。しかし元々アメリカは欧州の戦争への参戦に乗り気ではなかった。ローズベルトは一九四〇年の大統領選挙の公約として、アメリカの「若者を外国の戦争に送り込むような真似はしない」と約束していた(Steil(2013)邦訳p. 144)。後に真珠湾攻撃を受けてアメリカが重い腰を上げると、チャーチルは「これで我々の勝利は決まった」と安堵したという。

ケインズは一九四〇年六月、大蔵大臣諮問委員会の委員に任命されるとともに、大蔵大臣の私的経済顧問として、一度は袂を分かった大蔵省に再び協力することとなった。これ以後、ケインズの残りの生涯は祖国のために捧げられた。ケインズの発信するメッセージも、学術的なものから戦時経済に関する時事的なものへとシフトしていく。

一九四〇年一二月にローズベルトが武器貸与法を発表し、同法は翌一九四一年三月にアメリカ上院を通過した。ローズベルトはスターリンに親愛の情を抱いていたが、帝国主義者チャーチルに対してはそうではなかった。チャーチルは、そっけないローズベルトに対して相当気を遣っていた。チャーチルはイギリス下院において武器貸与法を「史上いかなる国家にも例を見ない高貴な行動」と誉めそやしているが、同法の付帯条項はきわめて過酷なものであった。イギリスが保有する外貨準備と金準備を使い切るまではいかなる補助も与えられないことになっていた。アメリカ内で活動するイギリス系企業(ロイヤル・ダッチ・シェルやユニリーバなど)の株式をアメリカに格安で売却させられ、それらはその後市場で転売され、売却益はすべてアメリカの国庫に入った。アメリカでは第一次世界大戦後、英仏が債務を返済しなかったことで煮え湯を飲まされた投資家が多く、また他国を巻き込んで自国の代わりに戦争をやらせるイギリスを毛嫌いしているアメリカ人も少なくなかった(Beevor (2012) 邦訳(上) pp. 367-368)。

ケインズは金本位制復帰問題ではチャーチルと対立する立場にあったが、一九二七年以降、チャーチルの設立した「ジ・アザー・クラブ」の一員に名を連ねており、個人的親交があった。一九四〇年九月六日付の母親宛ての手紙でチャーチルについて次のように書いている。

私は昨夜アザー・クラブへ行き、ウィンストンの隣に座らされましたので、彼と二、三時間話し合うことができました。彼はすこぶる元気でした——非常に健康で、明るく、普通の人間的感情に満ちあふれ、少しも威張ったところはありませんでした。おそらく今が、彼の権力と栄光の絶頂でしょう。しかし私は、彼ほど独裁者的態度やいたけだかさに染まっていない人物をかつて知りません。……彼は午後の演説で、私の新しい戦時災害補償計画に言及しました(Harrod (1951) 邦訳 p. 555)。

ケインズはイギリスへの借款をめぐる交渉のため一九四一年五月から渡米している。その結果が一九四二年二月の英米相互援助協定であるが、英米の置かれている立場の差はいかんともしがたく、代償としてイギリスは帝国特恵関税制度や地域主義の撤廃を約束させられるなど、ケインズとしては不本意な交渉結果となった。民主主義の武器庫としてのアメリカからの支援は、軍事的には大きな助けとなったが、かつてケインズが警戒していたように、イギリスの対米依存を深め、経済的にもアメリカの意向に逆らいづらい状況になった。その後、ケインズ自身も、もはや英米は対等の国家ではなくなったという事実を改めて痛感させられることになる。

なお、イギリスの政府支出は一九三九年には一〇億ポンドであったが、一九四五年には六〇億ポンドに膨れ上がり、イギリスの国民所得の三分の二を占めるほどになった。これによりイギリスの失業者は激減した(Clarke (1996) 邦訳 p. 201)。一九三八年の時点でイギリス軍は四〇万人未満であったが、一九四五年には五〇〇万人が動員されていた(Clarke (1996) 邦訳 p. 192)。

戦費調達論

ケインズは一九三九年一一月に『タイムズ』紙に「戦争のための費用」を発表し、それは翌年二月に『戦費調達論』として刊行された。イギリスがドイツに宣戦してから二カ月、まだ本格的な交戦に至ってはいないが、今後の戦闘が予想される局面での記事である。

まず大前提として、平和なときには一般に、生産水準は生産能力を下回っているものだが、戦時には民需に加えて大きな軍需が発生するため、ほぼ完全雇用の状態が維持される。限りある生産能力を、民間消費財生産にあてるか軍需用生産にあてるかという「悪魔とパン屋の綱引き」が発生する(JMK, vol. 9, p. 374)。

そのような状況下では、大衆は全体として、貨幣所得を増やしても消費を増やすことはできない。戦時下では、国全体として消費に向けることのできる財の量は削減されざるを得ず、皆が支出を増やそうとしても、ただ物価が上がるだけである。生計費の上昇を補塡するため労働組合が賃上げを要求しても、何の成果ももたらさない。

考えられる解決策は、インフレか、市場から購買力を引き揚げる方策のいずれかである。不況時には貯蓄は反社会的行為だと主張したケインズであったが、戦時のような有効需要が飽和している状況では、節約が求められる。だが自発的貯蓄だけでは十分ではないとして、「当座の消費を差し控え、戦後になって消費することのできる権利」を定める所得繰り延べ計画を考案している(JMK, vol. 9, p. 379)。

ケインズは「これまで、自由社会に全体主義的方法を適用しようと試みていると非難されてきた」が、「これほど見当外れの批判はない」と反論しつつ、「自由社会の分配制度を戦争という制約条件のもとで適合させる方法を工夫すること」という課題に取り組んだのがこの『戦費調達論』であった(JMK, vol. 9, pp. 376–377)。これは、『一般理論』の議論を、大不況のような有効需要が不足する局面ではなく、戦時経済のような需要が飽和している局面における政策に応用した試みであったともいえる。

国際清算同盟案

戦時下におけるケインズの活動は、主に『ケインズ全集』第二二～二七巻で扱われているが、対米交渉ひとつをとっても、詳述するとそれだけで一冊の本になるほどの内容がある。紙幅の関係で詳細は他に譲り、ここでは国際清算同盟案（ケインズ案）と呼ばれる、戦後の国際決済システムのあり方についてのケインズの考え方の要点だけを述べるにとどめる。

第一次世界大戦後の対独賠償問題やイギリスの金本位制復帰問題を通じて、ケインズが見据えていた問題は、貿易収支の不均衡が生じたとき、既存の国際決済システムにそれを是正するメカニズムが備わっていないということであった。第一次大戦後のドイツには、支払いに必要な金や外貨を稼ぐ手段が封じられていた。デイヴィッドソンは、ケインズの考えを、国際決済システムの改善に必要なことは、「調整の負担を債務者側から債権者側へ移転させること」と要約している（Davidson（2007）邦訳 p. 245）。ケインズの提案は、第一次大戦の際と同様、債権国であるアメリカに負担を求めるものであったが、アメリカが難色を示すのは目に見えており、また実際にそのようになった。ただし、今回は共産主義の脅威がアメリカを動かし、マーシャル・プランのような寛大な試みもみられた点が以前とは異なっていた。

ケインズが関与した各種問題のなかで最大のものは、国際清算同盟案である。この構想では、「清算同盟」と呼ばれる世界中央銀行が、国際通貨「バンコール」(フランス語で「銀行の金」を意味する)を創造できるような仕組みになっていた。

バンコールは、各加盟国の通貨や金に対して価値が固定される(JMK, vol. 25, p. 72)。金を支払うことでバンコールを得ることはできるが、バンコールで金を得ることはできない。

輸出国の清算勘定にはバンコールが蓄積されるが、特定の国が際限なく貿易黒字を積み上げることを阻止するため、これには上限が設けられていた。バンコールが上限を超えると、黒字国は為替レートを切り上げなければならない。逆に、赤字国にもその赤字の限度が定められており、それを超えると為替レートを切り下げることになる。また、慢性的な赤字国や黒字国には、基金への利払いの増加といったペナルティも用意されていた。

これは、国際通貨システムの欠陥を解消する画期的な案であると同時に、イギリスにとって都合の良い案でもあった。というのも、バンコールは国家間の決済に用いられるため、バンコール以外の通貨はローカル通貨に成り下がる。凋落した英ポンドはともかく、アメリカにとって、これから米ドルが基軸通貨となることで得られる絶大な特権を放棄するのは容認しがたいものであっただろう。ケインズ案では、国際収支の不均衡に際し、赤字国だけでなく黒字国にも責任を負わせる内容となっているが、この案で損をするのはやはり黒字国であるアメリカである。実際、この提案はアメリカによってにべもなく拒否されているが、それはアメリカからすれば当然の反応であった。

二〇一〇年に経常収支黒字国への上限設定を提案した米財務長官ティモシー・ガイトナーもこれと同じ発想であったが、このときのアメリカは赤字国である。ベン・ステイルは、債務国ではなく債権国を不均衡の原因だとする見解は、ケインズの時代には過激な考え方であったと指摘している(Steil (2013) 邦訳 p. 189)。

実際に確立されたブレトンウッズ体制は、ドル本位制ともいうべきものであり、アメリカの意向が大きく反映されたものとなった。

おわりに

本書では、ケインズの生涯のうち、主に時事問題における「合成の誤謬」にまつわる論点を取り上げてきた。ケインズはこの考え方を、ケンブリッジの学生時代にムーアから学び、ミクロの合計はマクロにならないという着眼点からマクロ経済学という学問の基礎を樹立した。この点はよく知られていることであるが、同時に、この「合成の誤謬」の考え方は、ケインズの時事問題全般への態度にも通底しているのではないかというのが本書の問題意識であり、メインテーマであった。

本書で取り上げてきた様々な論点、巨額の賠償請求でドイツを追い詰めすぎたことがナチスの台頭を生んだとか、戦間期にイギリスが金本位制に固執しすぎたことで不況を悪化させたといった論点は、今日では広く認められるようになっているため、ともすると陳腐だと受け止められる向きもあるかもしれない。しかし、当時そうした考え方は決して主流ではなく、ケインズの必死の説得によって、少しずつ受け入れられるようになっていったことを強調しておきたい。

一九八〇年代以降の経済学は、マクロ経済学のミクロ的基礎を重視するようになり、「ケインジアン」を標榜する一派でさえこの方法論を採用している。この流れにはそれなりの理由があるが、一方で、ミクロとマクロを峻別する「合成の誤謬」という視点が希薄になることには一抹の危惧を感じざるを得ない。人々の行動が「ミクロ的合理性」という近視眼的なものにとらわれすぎると、物事はうまくいかないことも多いからである。

企業が利益追求のために従業員を軽視し、人件費を節約して非正規雇用を増やすという「合理的」行動をとると、社会の購買力は低下してしまう。人々が将来に不安を抱き、節約をするという「合理的」行動をとると、有効需要は低下して経済は停滞する。近年、婚姻率や出生率の低下に伴う少子高齢化が大きな社会問題となっている。結婚し子どもを産んで育てることが困難な社会では、そうしないことが「合理的」な選択となる（あるいはならざるを得ない）こともあるが、極端な話、誰も子どもをつくらなければやがて人類はいなくなってしまう。政治に期待をかけようにも、もし有権者が「合理的」に、つまり自分の利益を最優先して投票行動をするならば、民主主義のもとでは、数の多い高齢者重視の政策になるかもしれない。そして世代間の不公平感は社会に分断を生みやすい。外交において各国が自国の国益を重視するのは当然のことであるが、一方、過度の自国中心主義は、他国による対抗措置を誘発しやすい。

このように、現代社会が抱えている問題には、ミクロ的な正しさの追求がマクロ的な正しさを保証しない事例、ミクロの側面とマクロの側面とで見え方が変わってくる事例が少なくない。どちらの側面を重視すべきかは難しい問題であり一概には言えないが、ケインズの生き様は重要な手掛かりを与えてくれるように思われる。

ケインズは、世の中でいま何が起こっているのか、何が問題で、どうすればよいか、つねにアンテナを張りめぐらせ、メッセージを発信し続けた。壊れかけた世界を保全し改良するためには何が必要かを考え続けた。本書を執筆している二〇二〇年代には、新型コロナウイルスによるパンデミックに加え、ロシアによるウクライナ侵攻が発生した。多くの政府はコロナ対応で巨額の支出を行ったことに加え、緊張の高まりに伴い軍事費の増大を余儀なくされている。閉塞感がただよい、未来に希望を抱きづらい今こそ、激動の時代に生きたケインズから学ぶことがあるのではないだろうか。

あとがき

岩波書店の島村典行氏から岩波新書で新しい『ケインズ』を書きませんかという打診を受けたのは二〇二〇年九月のことであった。言うまでもなく、岩波新書には伊東光晴『ケインズ』という古典的名著があり、刊行後六〇年以上経った現在でもなお、色褪せることがない。その看板の重さを考えると、大変光栄に思うと同時に、中途半端なものは書けないという思いがあったが、覚悟を決めて引き受けることにした。それから三年もかかってしまったのはひとえに私の怠慢によるものだが、辛抱強く待ってくださった島村氏に感謝したい。

本書は、一冊の新書として筋の通った構成になるよう心掛けたが、各章の誕生プロセスはばらばらであった。第三章は、二〇一五年に高崎経済大学産業研究所のプロジェクトとして執筆した原稿（『デフレーションの経済と歴史』（日本経済評論社、二〇一五年）第六章「戦間期イギリスの金本位制復帰問題とデフレーション」）がベースになっている。

また第一章は、二〇一九年に京都大学『経済論叢』（小島専孝教授退官記念号）に掲載された論文「初期ケインズの講義と貨幣理論」がベースになっている。第一章と第三章はこれらを新書向けに大幅に加筆・修正したものである。転載を快諾いただいた日本経済評論社および京都大学経済学会にお礼申し上げたい。

その他の章は書きおろしであるが、第二章の対独賠償問題について考えるようになったのは、パリ講和会議から百周年にあたる二〇一九年に、ケインズ学会で記念シンポジウムが組まれ、その際に議論させていただいたことがきっかけとなった。企画者の平井俊顕先生をはじめ関係各氏に感謝したい(平井氏は二〇二二年に『ヴェルサイユ体制対ケインズ』という興味深い本を出されているので、関心のある読者はそちらも参照されたい)。

第四章の大恐慌については、かつて根井雅弘先生が主宰された研究会で伊東光晴先生から、「ケインズは大恐慌についてどう考えていたか?」と課題を出され、いつか論じてみたいと考えていたテーマであった。

本書を執筆するにあたって、『ケインズ全集』を改めて読み返しているうちに、調べたいことが次々と出てきて完成まで随分と時間がかかってしまった。本書は、ハロッド、モグリッジ、スキデルスキーらの既存の伝記研究をはじめ、先人の研究の蓄積に多くを負っている。また、大学院ゼミの先輩にあたる中村隆之氏(青山学院大学教授)、木村雄一氏(日本大学教授)には校正段階のゲラを読んでいただき、有益なコメントをいただいた。お礼申し上げたい。もちろん、残されている誤りはすべて著者の責任である。
最後に、本書を二〇一九年に永眠した最愛の妻さやかに捧げたい。

二〇二三年六月

伊藤宣広

[illegible]

岩波新書より

経済

- 新・金融政策入門　湯本雅士
- アフター・アベノミクス　軽部謙介
- 応援消費　水越康介
- 人の心に働きかける経済政策　翁邦雄
- 金融サービスの未来　新保恵志
- 日本経済図説〔第五版〕　宮崎勇・本庄真・田谷禎三
- 好循環のまちづくり！　枝廣淳子
- グローバル・タックス　諸富徹
- 世界経済図説〔第四版〕　宮崎勇・田谷禎三
- 日本経済30年史 バブルからアベノミクスまで　山家悠紀夫
- 行動経済学の使い方　大竹文雄
- 日本のマクロ経済政策　熊倉正修
- ゲーム理論入門の入門　鎌田雄一郎
- 平成経済 衰退の本質　金子勝
- 幸福の増税論　井手英策

- 日本の税金〔第3版〕　三木義一
- 戦争体験と経営者　立石泰則
- 金融政策に未来はあるか　岩村充
- データサイエンス入門　竹村彰通
- 経済数学入門の入門　田中久稔
- 地元経済を創りなおす　枝廣淳子
- 会計学の誕生◆　渡邉泉
- 偽りの経済政策　服部茂幸
- ミクロ経済学入門の入門　坂井豊貴
- 経済学のすすめ　佐和隆光
- ガルブレイス　伊東光晴
- ユーロ危機とギリシャ反乱　田中素香
- ポスト資本主義 科学・人間・社会の未来　広井良典
- 日本の納税者◆　三木義一
- タックス・イーター　志賀櫻
- コーポレート・ガバナンス◆　花崎正晴
- グローバル経済史入門　杉山伸也
- アベノミクスの終焉◆　服部茂幸
- 新・世界経済入門　西川潤

- 金融政策入門◆　湯本雅士
- 新自由主義の帰結◆　服部茂幸
- タックス・ヘイブン　志賀櫻
- WTO 貿易自由化を超えて◆　中川淳司
- 日本財政 転換の指針◆　井手英策
- 成熟社会の経済学　小野善康
- 平成不況の本質　大瀧雅之
- 原発のコスト◆　大島堅一
- 次世代インターネットの経済学　依田高典
- ユーロ 危機の中の統一通貨　田中素香
- 「分かち合い」の経済学　神野直彦
- グリーン資本主義　佐和隆光
- 国際金融入門〔新版〕　岩田規久男
- ビジネス・インサイト◆　石井淳蔵
- 金融商品とどうつき合うか　新保恵志
- 地域再生の条件　本間義人
- 経済データの読み方〔新版〕　鈴木正俊

(2023.7)　◆は品切，電子書籍版あり．　(C1)

岩波新書新赤版一〇〇〇点に際して

ひとつの時代が終わったと言われて久しい。だが、その先にいかなる時代を展望するのか、私たちはその輪郭すら描きえていない。二〇世紀から持ち越した課題の多くは、未だ解決の緒を見つけることのできないままであり、二一世紀が新たに招きよせた問題も少なくない。グローバル資本主義の浸透、憎悪の連鎖、暴力の応酬――世界は混沌として深い不安の只中にある。

現代社会においては変化が常態となり、速さと新しさに絶対的な価値が与えられた。消費社会の深化と情報技術の革命は、種々の境界を無くし、人々の生活やコミュニケーションの様式を根底から変容させてきた。ライフスタイルは多様化し、一面では個人の生き方をそれぞれが選びとる時代が始まっている。同時に、新たな格差が生まれ、様々な次元での亀裂や分断が深まっている。社会や歴史に対する意識が揺らぎ、普遍的な理念に対する根本的な懐疑や、現実を変えることへの無力感がひそかに根を張りつつある。そして生きることに誰もが困難を覚える時代が到来している。

しかし、日常生活のそれぞれの場で、自由と民主主義を獲得し実践することを通じて、私たち自身がそうした閉塞を乗り超え、希望の時代の幕開けを告げてゆくことは不可能ではあるまい。そのために、いま求められていること――それは、個と個の間で開かれた対話を積み重ねながら、人間らしく生きることの条件について一人ひとりが粘り強く思考することではないか。その営みの糧となるものが、教養に外ならないと私たちは考える。歴史とは何か、よく生きるとはいかなることか、世界そして人間はどこへ向かうべきなのか――こうした根源的な問いとの格闘が、文化と知の厚みを作り出し、個人と社会を支える基盤としての教養となった。まさにそのような教養への道案内こそ、岩波新書が創刊以来、追求してきたことである。

岩波新書は、日中戦争下の一九三八年一一月に赤版として創刊された。創刊の辞は、道義の精神に則らない日本の行動を憂慮し、批判的精神と良心的行動の欠如を戒めつつ、現代人の現代的教養を刊行の目的とする、と謳っている。以後、青版、黄版、新赤版と装いを改めながら、合計二五〇〇点余りを世に問うてきた。そして、いままた新赤版が一〇〇〇点を迎えたのを機に、人間の理性と良心への信頼を再確認し、それに裏打ちされた文化を培っていく決意を込めて、新しい装丁のもとに再出発したいと思う。一冊一冊から吹き出す新風が一人でも多くの読者の許に届くこと、そして希望ある時代への想像力を豊かにかき立てることを切に願う。

（二〇〇六年四月）

伊藤宣広

1977年，三重県生まれ．2000年，京都大学経済学部卒業．2005年，京都大学大学院経済学研究科博士後期課程修了．博士(経済学)．立教大学助教を経て，
現在－高崎経済大学教授
専攻－現代経済思想史
著書－『現代経済学の誕生──ケンブリッジ学派の系譜』(中公新書)，『ケンブリッジ学派のマクロ経済分析──マーシャル・ピグー・ロバートソン』(ミネルヴァ書房)，『投機は経済を安定させるのか？──ケインズ『雇用・利子および貨幣の一般理論』を読み直す』(現代書館)，『英語原典で読むマーシャル──『経済学原理』の世界』(白水社)，*Keynes and Modern Economics*(共著，Routledge)，『マーシャル　クールヘッド&ウォームハート』(翻訳，ミネルヴァ書房) ほか．

ケインズ 危機の時代の実践家　　岩波新書(新赤版)1990

2023年10月20日　第1刷発行

著　者　伊藤宣広《いとうのぶひろ》

発行者　坂本政謙

発行所　株式会社 岩波書店
〒101-8002 東京都千代田区一ツ橋2-5-5
案内 03-5210-4000　営業部 03-5210-4111
https://www.iwanami.co.jp/

新書編集部 03-5210-4054
https://www.iwanami.co.jp/sin/

印刷製本・法令印刷　カバー・半七印刷

ISBN 978-4-00-431990-0　　Printed in Japan

参考文献

Allen, F. L.（1931）*Only Yesterday: An Informal History of the Nineteen-Twenties*, Harper & Row.（藤久ミネ訳『オンリー・イエスタディ――1920年代・アメリカ』ちくま文庫，1993年）.

Beevor, A.（2012）*The Second World War*, Weidenfeld & Nicolson.（平賀秀明訳『第二次世界大戦 1939-45』（上・中・下），白水社，2015年）.

Bernstein, P. L.（2000）*The Power of Gold: The History of an Obsession*, Wiley.（鈴木主悦訳『ゴールド――金と人間の文明史』日本経済新聞社，2001年）.

Bond, B.（2002）*The Unquiet Western Front: Britain's Role in Literature and History*, Cambridge University Press.（川村康之訳，石津朋之解説『イギリスと第一次世界大戦――歴史論争をめぐる考察』芙蓉書房出版，2006年）.

Boyle, A.（1967）*Montagu Norman: A Biography*, Cassell.

Clarke, P.（1996）*Hope and Glory: Britain 1900-1990*, Penguin.（西沢保他訳『イギリス現代史　1900-2000』名古屋大学出版会，2004年）.

Clay, H.（1957）*Lord Norman*, Macmillan.

Coggan, P.（2011）*Paper Promises: Money, Debt, and The New World Order*, Penguin.（松本剛史訳『紙の約束　マネー，債務，新世界秩序』日本経済新聞出版社，2012年）.

Committee on Finance & Industry Report: Presented to Parliament by the Financial Secretary to the Treasury by Command of His Majesty, June, 1931, HMSO.（加藤三郎・西村閑也訳『マクミラン委員会報告書』日本経済評論社，1985年）.

Cristiano, C.（2014）*The Political and Economic Thought of the Young Keynes: Liberalism, markets and empire*, Routledge.

Crotty, J.（2019）*Keynes Against Capitalism: His Economic Case for Liberal Socialism*, Routledge.

Davidson, P.（2007）*Great Thinkers in Economics: John Maynard Keynes*, Palgrave Macmillan.（小谷野俊夫訳『マクミラン経済学者

列伝 ケインズ』一灯舎，2014 年）.
Davis, E. G.（1981）“R. G. Hawtrey, 1879-1975,” in O'Brien, D. P. and Presley, J. R.（eds.）, *Pioneers of Modern Economics in Britain*, Macmillan.（久保田哲夫訳「R. G. ホートレイ　1879-1975」D. P. オブライエン他編『近代経済学の開拓者』昭和堂，1986 年）.
Dostaler, G.（2007）*Keynes and his Battles*, Edward Elgar.（鍋島直樹・小峯敦監訳『ケインズの闘い――哲学・政治・経済学・芸術』藤原書店，2008 年）.
Ebenstein, L.（2007）*Milton Friedman: A Biography*, Palgrave Macmillan.（大野一訳『最強の経済学者ミルトン・フリードマン』日経 BP 社，2008 年）.
Eichengreen, B.（1996）*Globalizing Capital: A History of the International Monetary System*, Princeton University Press.（高屋定美訳『グローバル資本と国際通貨システム』ミネルヴァ書房，1999 年）.
Einzig, P.（1931）*Behind the Scenes of International Finance*, Macmillan.
――――（1932）*Montagu Norman: A Study in Financial Statesmanship*, Kegan Paul, Trench, Trubner and Co.
Friedman, M.（1992）*Money Mischief: Episodes in Monetary History*, The University of Chicago Press.（斎藤精一郎訳『貨幣の悪戯』三田出版会，1993 年）.
Harrod, R. F.（1951）*The Life of John Maynard Keynes*, Macmillan.（塩野谷九十九訳『ケインズ伝』（上・下），東洋経済新報社，1967 年）.
Hawtrey, R. G.（1913）*Good and Bad Trade: An Inquiry into the Causes of Fluctuations*, Longmans.
――――（1919）“The Gold Standard,” *The Economic Journal*, Vol. 29, No. 116（Dec.）, pp. 428-442.
――――（1922）“The Genoa Resolutions on Currency,” *The Economic Journal*, Vol. 32, No. 127（Sep.）, pp. 290-304.
――――（1925）“Public Expenditure and the Demand for Labour,” *Economica*, Vol. 5, pp. 38-48.
――――（1932）*The Art of Central Banking*, Longmans, Green and Co.
――――（1938）*A Century of Bank Rate*, Longmans, Green and Co.（英国金融史研究会訳『金利政策の百年』東洋経済新報社，1977 年）.

Hicks, J. R. (1937) "Mr. Keynes and the "Classics"; A Suggested Interpretation," *Econometrica*, Vol. 5, No. 2 (Apr.), pp. 147-159.

——— (1946) *Value and Capital: An Inquiry into Some Fundamental Principles of Economic Theory*, 2nd. ed., Clarendon Press (1st ed. 1939).(安井琢磨・熊谷尚夫訳『価値と資本』岩波文庫, 1995年).

Keynes, J. M., *The Collected Writings of John Maynard Keynes*, Vol. 1-30, Moggridge, D. and Johnson, E. (eds.), Macmillan, for the Royal Economic Society, 1971-89.(『ケインズ全集』東洋経済新報社)

Vol. 1: *Indian Currency and Finance.*(則武保夫・片山貞雄訳『インドの通貨と金融』1977年).

Vol. 2: *The Economic Consequences of the Peace.*(早坂忠訳『平和の経済的帰結』1977年).

Vol. 3: *A Revision of the Treaty.*(千田純一訳『条約の改正』1977年).

Vol. 4: *A Tract on Monetary Reform.*(中内恒夫訳『貨幣改革論』1978年).

Vol. 5: *A Treatise on Money: The Pure Theory of Money.*(小泉明・長澤惟恭訳『貨幣論Ｉ　貨幣の純粋理論』1979年).

Vol. 6: *A Treatise on Money: The Applied Theory of Money.*(長澤惟恭訳『貨幣論II　貨幣の応用理論』1980年).

Vol. 7: *The General Theory of Employment, Interest and Money.*(塩野谷祐一訳『雇用・利子および貨幣の一般理論』1983年).

Vol. 8: *Treatise on Probability.*(佐藤隆三訳『確率論』2010年).

Vol. 9: *Essays in Persuasion.*(宮崎義一訳『説得論集』1981年).

Vol. 10: *Essays in Biography.*(大野忠男訳『人物評伝』1980年).

Vol. 11: *Economic Articles and Correspondence: Academic.*

Vol. 12: *Economic Articles and Correspondence: Investment and Editorial.*

Vol. 13: *The General Theory and After: Part I. Preparation.*

Vol. 14: *The General Theory and After: Part II. Defence and Development.*(清水啓典・柿原和夫・細谷圭訳『一般理論とその後——第II部　弁護と発展』2016年).

Vol. 15: *Activities 1906-1914: India and Cambridge.*(三木谷良一・山上宏人訳『インドとケンブリッジ——1906〜14年の諸活動』2010年).

Vol. 16: *Activities 1914-1919: The Treasury and Versailles.*
Vol. 17: *Activities 1920-1922: Treaty Revision and Reconstruction.*(春井久志訳『条約改正と再興――1920～22 年の諸活動』2014 年).
Vol. 18: *Activities 1922-1932: The End of Reparations.*(武野秀樹・山下正毅訳『賠償問題の終結――1922～32 年の諸活動』1989 年).
Vol. 19: *Activities 1922-1929: The Return to Gold and Industrial Policy (Part I, II).*(西村閑也訳『金本位復帰と産業政策――1922～29 年の諸活動』1998 年).
Vol. 20: *Activities 1929-1931: Rethinking Employment and Unemployment Policies.*(小谷野俊夫訳『雇用と失業対策の再考――1929～31 年の諸活動』2023 年).
Vol. 21: *Activities 1931-1939: World Crises and Policies in Britain and America.*(舘野敏・北原徹・黒木龍三・小谷野俊夫訳『世界恐慌と英米における諸政策――1931～39 年の諸活動』2015 年).
Vol. 22: *Activities 1939-1945: Internal War Finance.*
Vol. 23: *Activities: 1940-1943: External War Finance.*
Vol. 24: *Activities 1944-1946: The Transition to Peace.*(堀家文吉郎・柴沼武・森映雄訳『平和への移行――1944～46 年の諸活動』2002 年).
Vol. 25: *Activities 1940-1944: Shaping the Post-War World, The Clearing Union.*(村野孝訳『戦後世界の形成――清算同盟：1940～44 年の諸活動』1992 年).
Vol. 26: *Activities 1941-1946: Shaping the Post-War World: Bretton Woods and Reparations.*(石川健一・島村高嘉訳『戦後世界の形成――ブレトン・ウッズと賠償：1941～46 年の諸活動』2001 年).
Vol. 27: *Activities 1940-1946: Shaping the Post-War World: Employment and Commodities.*(平井俊顕・立脇和夫訳『戦後世界の形成――雇用と商品：1940～46 年の諸活動』1996 年).
Vol. 28: *Social, Political and Literary Writings.*(那須正彦訳『社会・政治・文学論集』2013 年).
Vol. 29: *The General Theory and After: A Supplement (to Vols XIII*

and XIV).(柿原和夫訳『一般理論とその後――第 13 巻および第 14 巻への補遺』2019 年).

Vol. 30: *Bibliography and Index*.

Kindleberger, C. P. (1973) *The World in Depression 1929–1939*, University of California Press.(石崎昭彦・木村一朗訳『大不況下の世界 1929–1939』東京大学出版会, 1982 年).

Komine, A. (2014) *Keynes and his Contemporaries: Tradition and Enterprise in the Cambridge School of Economics*, Routledge.

Laidler, D. (1991) *The Golden Age of the Quantity Theory: The Development of Neoclassical Monetary Economics 1870–1914*, Princeton University Press.(石橋春男他訳『貨幣数量説の黄金時代』同文舘出版, 2001 年).

Liberal Industrial Inquiry (1928) *Britain's Industrial Future: Being the Report of the Liberal Industries Inquiry*, Ernest Benn Ltd.

Marcuzzo, M. C. (2012) *Fighting Market Failure: Collected Essays in the Cambridge tradition of economics*, Routledge.(平井俊顕監訳『市場の失敗との闘い――ケンブリッジの経済学の伝統に関する論文集』日本経済評論社, 2015 年).

Marshall, A. (1871) "Money" in *The Early Economic Writings of Alfred Marshall 1867–1890*, 2 vols, ed. by Whitaker, J. K. 1975, Macmillan.

――― (1920) *Principles of Economics: An Introductory Volume*, 8th ed., Macmillan (1st ed. 1890).(永澤越郎訳『経済学原理』岩波ブックサービスセンター, 1985 年).

――― (1923) *Money, Credit and Commerce*, Macmillan.(永澤越郎訳『貨幣信用貿易』岩波ブックサービスセンター, 1988 年).

――― (1926) *Official Papers by Alfred Marshall*, ed. by Keynes, J. M., Macmillan.

Marshall, A. & Marshall, M. P. (1879) *Economics of Industry*, Macmillan.(橋本昭一訳『産業経済学』関西大学出版部, 1985 年).

Minutes of Evidence taken before the Committee on Finance and Industry, 1931, HMSO.(西村閑也訳『マクミラン委員会証言録　抜粋』日本経済評論社, 1985 年).

Moggridge, D. E. (1972) *British Monetary Policy 1924–1931: The Nor-*

man Conquest of $4.86, Cambridge University Press.
——— (1992) *Maynard Keynes: An Economist's Biography*, Routledge.
Morgan, E. V. (1952) *Studies in British Financial Policy, 1914–25*, Macmillan.
Roberts, R. (2013) *Saving the City: The Great Financial Crisis of 1914*, Oxford University Press.
Robertson, D. H. (1915) *A Study of Industrial Fluctuation: An Enquiry into the Character and Causes of the so-called Cyclical Movements of Trade*, P. S. King and Son.
——— (1948) *Money*, 4th ed., Nisbet and Cambridge University Press (1st ed. 1922).(安井琢磨・熊谷尚夫訳『貨幣』岩波書店, 1956年).
Sayers, R. S. (1970) "The Return to Gold, 1925," in Pollard, S. (ed.) *The Gold Standard and Employment Policies between the Wars*, Methuen.(田中生夫訳「1925年の金本位制復帰」『昭和前期通貨史断章』所収, 有斐閣, 1989年).
——— (1976) *The Bank of England 1891–1944*, Vol. 1–2, Cambridge University Press.(西川元彦監訳, 日本銀行金融史研究会訳『イングランド銀行1891〜1944年』(上・下), 東洋経済新報社, 1979年).
Skidelsky, R. (1983) *John Maynard Keynes, Volume 1, Hopes Betrayed, 1883–1920*, Macmillan.(宮崎義一監訳・古屋隆訳『ジョン・メイナード・ケインズ　裏切られた期待／1883〜1920年』(I・II), 東洋経済新報社, 1987–92年).
——— (1992) *John Maynard Keynes, Volume 2, The Economist as Savior, 1920–1937*, Macmillan.
——— (2000) *John Maynard Keynes, Volume 3, Fighting for Britain 1937–1946*, Macmillan.
Steil, B. (2013) *The Battle of Bretton Woods: John Maynard Keynes, Harry Dexter White, and the Making of a New World Order*, Princeton University Press.(小坂恵理訳『ブレトンウッズの闘い――ケインズ, ホワイトと新世界秩序の創造』日本経済新聞出版社, 2014年).

Stiglitz, J. E. (2016) *The Euro: And its Threat to the Future of Europe,* Allen Lane.(峯村利哉訳『ユーロから始まる世界経済の大崩壊』徳間書店，2016 年).
Taylor, A. J. P. (1965) *The Oxford History of England, Vol. 15, English History 1914-1945,* Clarendon Press.(都築忠七訳『イギリス現代史 1914-1945』みすず書房，1987 年).
U. S. Bureau of Labor Statistics, "Labor Force, Employment, and Unemployment, 1929-39: Estimating Methods."
https://www.bls.gov/opub/mlr/1948/article/pdf/labor-force-employment-and-unemployment-1929-39-estimating-methods.pdf
浅野栄一（1987）『ケインズ『一般理論』形成史』日本評論社.
———（1990）『ケインズ』清水書院.
———（2005）『ケインズの経済思考革命――思想・理論・政策のパラダイム転換』勁草書房.
伊藤宣広（2006）『現代経済学の誕生――ケンブリッジ学派の系譜』中公新書.
———（2007）『ケンブリッジ学派のマクロ経済分析――マーシャル・ピグー・ロバートソン』ミネルヴァ書房.
———（2013）「D. H. ロバートソンの利子論」『高崎経済大学論集』第 55 巻第 3 号，119-130 ページ，2013 年 2 月.
———（2015）「戦間期イギリスの金本位制復帰問題とデフレーション」高崎経済大学産業研究所編『デフレーションの経済と歴史』所収，日本経済評論社.
———（2016）『投機は経済を安定させるのか？――ケインズ『雇用・利子および貨幣の一般理論』を読み直す』現代書館.
———（2019）「初期ケインズの講義と貨幣理論」『経済論叢』第 193 巻第 1 号，29-47 ページ，2019 年 2 月.
———（2021）『英語原典で読むマーシャル――『経済学原理』の世界』白水社.
伊東光晴（1962）『ケインズ――"新しい経済学"の誕生』岩波新書.
———（2006）『現代に生きるケインズ――モラル・サイエンスとしての経済理論』岩波新書.
岩本武和（1999）『ケインズと世界経済』岩波書店.
岡田元浩（1997）『巨視的経済理論の軌跡――リカードウ，マルサス

から「ケインズ革命」まで』名古屋大学出版会.
木村靖二（2014）『第一次世界大戦』ちくま新書.
小島專孝（1997）『ケインズ理論の源泉――スラッファ・ホートリー・アバッティ』有斐閣.
小関隆・平野千果子（2014）「ヨーロッパ戦線と世界への波及」山室信一他編『現代の起点 第一次世界大戦1 世界戦争』所収，岩波書店.
那須正彦（1995）『実務家ケインズ――ケインズ経済学形成の背景』中公新書.
西村閑也（1980）『国際金本位制とロンドン金融市場』法政大学出版局.
根井雅弘（2017）『ケインズを読み直す――入門 現代経済思想』白水社.
――――（2022）『今こそ読みたいケインズ』集英社インターナショナル新書.
平井俊顕（2003）『ケインズの理論――複合的視座からの研究』東京大学出版会.
――――（2022）『ヴェルサイユ体制対ケインズ――説得の活動／ニュー・リベラリズム／新たな経済学』上智大学出版.
ヘルマン，ウルリケ（2015）『資本の世界史』猪股和夫訳，太田出版.
――――（2020）『スミス・マルクス・ケインズ――よみがえる危機の処方箋』鈴木直訳，みすず書房.
マーシャル，アルフレッド（2014）『マーシャル　クールヘッド＆ウォームハート』伊藤宣広訳，ミネルヴァ書房.
本山美彦編著（1994）『貨幣論の再発見』三嶺書房.
森嶋通夫（1994）『思想としての近代経済学』岩波新書.